广州合立正通信息科技有限公司调研

珠海市运泰利电子有限公司调研

佛山职业技术学院调研

清远职业技术学院调研

学校专家访谈

学校专家访谈合影

职业能力分析研讨会合影

职业能力分析研讨会现场 1

职业能力分析研讨会现场 2

课程体系构建会合影

课程体系构建会之课程转换

课程体系构建会现场

现代职业教育标准体系建设系列丛书

现代学徒制专业教学标准和课程标准：
应用电子技术专业（高职）

广东省教育厅
广东省教育研究院 编

广东高等教育出版社
Guangdong Higher Education Press
·广州·

图书在版编目（CIP）数据

现代学徒制专业教学标准和课程标准：应用电子技术专业．高职/广东省教育厅，广东省教育研究院编．—广州：广东高等教育出版社，2020.12
（现代职业教育标准体系建设系列丛书）
ISBN 978－7－5361－6473－4

Ⅰ.①现…　Ⅱ.①广…　②广…　Ⅲ.①电子技术－职业教育－教学参考资料　Ⅳ.①G719.2

中国版本图书馆 CIP 数据核字（2019）第 086975 号

出版发行	广东高等教育出版社 地址：广州市天河区林和西横路 邮政编码：510500　电话：（020）87551597　87551163 http://www.gdgjs.com.cn
印　　刷	广东海洋印刷有限公司
开　　本	787 毫米×1 092 毫米　1/16
印　　张	10.75
彩　　插	1
字　　数	257 千
版　　次	2020 年 12 月第 1 版
印　　次	2020 年 12 月第 1 次印刷
定　　价	35.00 元

前　言

为缓解职业院校人才供给与社会人才需求不符的矛盾，国家及广东省启动了现代学徒制人才培养模式改革试点。为实现人才精准培养，需寻求技术、设备及研发能力等领先的企业开展合作。基于此，广东科学技术职业学院、珠海市鑫润达电子有限公司共同成立项目组，开展了应用电子技术专业现代学徒制专业教学标准和课程标准的研制工作，同时项目组也吸收了多所高职院校及多家合作企业共同参与。在省教育厅、省教育研究院的指导下，项目组按照统一部署完成各项标准研制任务，成果顺利通过了省教育厅组织的验收。

《现代学徒制专业教学标准和课程标准：应用电子技术专业（高职）》是广东省现代学徒制专业教学标准和课程标准研制项目的重要成果之一，是应用电子技术专业开展现代学徒制教学的基本文件，是明确专业培养目标和规格、组织实施教学、规范教学管理、开展专业建设、开发教材和学习资源的基本依据，是评估教育教学质量的重要标尺，同时也是用人单位选用职业院校毕业生的主要参考。该标准不仅能满足应用电子技术专业现代学徒制人才的培养需要，对于普通模式下该专业的人才培养也具有重要的参考价值。

项目研制历经供需调研、职业能力分析、课程体系建构和标准编制四个阶段。在供需调研阶段，项目组采用调查问卷、实地走访和专家访谈的形式，调查了珠三角地区、粤东地区、粤西地区、粤北地区的125家企业、17所高职院校、5所中职学校，访谈了10位专家，对应用电子技术专业在校生和毕业生学习动机、就业情况、专业能力、课程设置，以及企业对应用电子技术专业毕业生所需技能等进行了广泛深入的调研。项目组不仅获得了大量一手资料，还获悉了应用电子技术专业人才需求、人才成长过程和人才培养中存在的问题。在职业能力分析阶段，基于应用电子技术专业毕业生面向的“产品开发”“生产管理”“过程开发”“调测校验”“运营管控”五个关键岗位群，项目组邀请了10位企业专家及3位教育专家进行头脑风暴，通过专家对典型工作任务的分析和研讨，归纳整理形成了职业能力汇总表。项目组共分析出42项工作项目、146项工作任务、601项工作能力、57项通用职业素养能力。在课程体系构建阶段，项目组邀请了12位来自职业院校和企业的专家，参照职业能力分析表，围绕专业培养目标、职业范围、人才规格、课程结构、课程内容及要求、教学安排、教学基本条件和教学实施建议等进行研讨，确定了现代学徒制应用电子技术专业7门技术技能课程和7门学徒岗位能力课程，构建了现代学徒制应用电子技术专业课程体系。在标准编制阶段，根据职业能力分析和课程体系建构成果，先后召开了5次标准制定和审核会议，先后有6所高职院校和7家企业参与，分工负责课程标准研制工作。经过反复研讨和修改，项目组共制定了1份专业教学标准和14份课程标准。

本书由广东科学技术职业学院王红梅副教授、郑婉君博士及广东省教育研究院黄文伟研究员担任执行主编，珠海伊万电子科技有限公司张义辉厂长，珠海笙格科技有限公司谭昊工程师，珠海迈科智能科技股份有限公司张华工程师、彭占飞工程师，珠海欧比特控制工程股份有限公司蒋晓华技术总监，珠海伺密控自动化科技有限公司黄佳史工程师，珠海市鑫润达电子有限公司唐海燕工程师、连小兰总经理、杜欣工程师，珠海双喜电器有限公司陈明高级质量工程师等参加了编写。由于参与人员较多，在此不一一列出，其他人员在标准开发团队和课程标准中列出。

在本书的编写过程中，得到了广东省教育研究院职业教育研究室专家的悉心指导和帮助，在此表示衷心感谢。

由于技术的进步及企业岗位内容的不断更新，加之教师对课程的理解不同，本书难免存在疏漏和不足之处，敬请读者批评指正。

现代学徒制应用电子技术专业
教学标准和课程标准研制项目组
2020年8月于珠海

目　　录

上篇　高职现代学徒制应用电子技术专业教学标准

下篇　高职现代学徒制应用电子技术专业课程标准

附　　录

上　篇
高职现代学徒制应用电子技术专业教学标准

一、专业名称及代码

专业名称：应用电子技术。
专业代码：610102。

二、招生对象

应往届高中毕业生；应往届中职毕业生；中高职衔接转段考核合格的中职学校电子技术应用专业等相关专业的正式学籍学生。

三、基本学制与学历

（一）学制

全日制二年（面向中职电子技术应用、电子与信息技术、电气运行与控制、通信技术等专业学生，电子研发、制造等企业的相关岗位员工，有专业基础及工作经历）。
全日制三年。

（二）学历

学习合格取得专科学历。

四、培养目标

本专业培养与我国社会主义现代化建设要求相适应，德、智、体、美、劳全面发展，面向广东省电子信息产品研发制造行业，既能从事产品开发、生产管理、过程开发、调测校验及运营管控等工作，又能胜任SMT技术员、生产工艺员、班组长及拉长等学徒岗位工作，熟练掌握电子专业基础知识、现代电子产品生产工艺技术、质量认证体系，能够操控和维护现代电子产品生产加工设备，具有单片机应用开发技术及PCB板设计与绘制技能，具有良好的科学文化素养、职业道德及创新意识的发展型、复合型和创新型技术技能人才。

五、培养方式

学校和企业联合招生、联合培养，校企双主体协同育人。职业院校承担系统的专业知识教学和基础技能训练；企业通过师傅带徒弟的形式，依据校企联合制定的本专业“现代学徒制”人才培养方案进行企业真实岗位技能训练，真正实现校企双师轮流训教，工学交替，岗位成才。教学任务由学校教师和企业师傅共同承担，形成双导师制。

六、职业范围

（一）职业生涯发展路径

应用电子技术专业职业生涯发展路径见表 1－1。

表 1－1　应用电子技术专业职业生涯发展路径

发展阶段	学徒岗位	就业岗位					学历层次	一般发展年限/年	
		产品开发	过程开发	测调校验	运营管控	生产管理		高职	现代学徒制
Ⅵ	技术总监、部门经理	资深工程师	资深工程师	资深工程师	总经理	总经理	本科	>13	>12
Ⅴ		主任工程师	主任工程师	主任工程师	主管/经理	制造部门经理	高职/本科		
Ⅳ	工程师、主管	工程师	工程师	QE/QMS/计量工程师	生控员/采购员	车间主管	高职/本科	8～13	6～12
Ⅲ	助理工程师、拉长、班组长	助理工程师	工艺员/PE	高级检验员	排产员/跟单员	线长	中职/高职	3～8	2～6
Ⅱ	技术员	技术员	技术员	检验员	物料员/仓管员	班组长	中职/高职	1～3	0～2
Ⅰ		/	技能工	技能工	技能工	技能工	中职	0～1	/

（二）面向职业范围

应用电子技术专业面向职业范围见表1-2。

表1-2　应用电子技术专业面向职业范围

序号	对应职业（岗位群）	学徒目标方向	职业资格证书举例
1	产品开发	具备应用电子电路设计知识，掌握单片机及PLC技术，具有开发智能电子产品及工程项目的能力	（1）可编程控制系统设计师 （2）电子产品制版工（高级、技师、高级技师）
2	过程开发	具备现代电子产品SMT生产锡膏印刷机、贴片机、回流焊炉、AOI光学检测等设备的操控、编程及维护能力，具备工艺编制及开发能力	（1）SMT工程师 （2）电子设备装接工（SMT）（高级、技师、高级技师） （3）印制电路检验工
3	测调校验	能够识读电子电路图并理解电子电路工作原理，能熟练使用万用表、信号发生器、示波器、频谱仪等常用仪器检验电子产品，具备质量控制常识	（1）质量认证管理体系内部审核员资格证书 （2）无线电调试工（高级，技师，高级技师）
4	运营管控	精通企业ERP及OA系统，能够制定企业生产计划排单，具备应用质量管理工具处理现场生产异常状况的能力，具备组织生产、现场管理及协调能力	（1）质量认证管理体系内部审核员资格证书 （2）SMT助理工程师，SMT工程师
5	生产管理	具备编制现代电子产品生产工艺、监控产品质量及管理生产过程的能力	（1）质量认证管理体系内部审核员资格证书 （2）SMT助理工程师，SMT工程师

1. 产品开发岗位

对开发任务进行功能、使用环境、安全法规及经济性评估；设计方案并制订、会审及编制可行性报告；进行电路设计、制版、样品试制、调试、性能指标检测并制作检测报告、送样、整改；完善设计资料，进行试产技术支持；整理移交技术资料，进行量产技术支持。

2. 过程开发岗位

生产可行性评估，制程异常分析；生产流程设计、工序评估调整，SOP制作，制程工艺标准制定，工艺文件核签发文，产能评估，工具设计制作，制程仪器调试维护；可制造性评估，关键工艺研究，装配流程分析，产品成本分析；制程工艺开发，产品试产验证，效率、工艺提升改善。

3. 测调校验岗位

检验标准制定，巡检，产品检查，仪器管理；可靠性测试，供应商品质量管理，产品功能测试评估，产品测试开发验证，测试效率提升；异常处理，成品检修。

4. 运营管控岗位

制订物料需求计划，供应商定点、定价及样品确认，下发采购清单；物料齐套跟进及异常处理，物料收发配送，物料存储盘点；制作生产指令单，跟进物料配送进度，查验生产情况。

5. 生产管理岗位

领悟作业指导书，领料，检测生产设备，作业环境点检，核对 BOM 表，制作首件；装配，焊接，操作及半成品检修；质量管理，安全生产管理，生产人员管理，现场管理；工艺培训，产品包装。

七、人才规格

1. 职业素养

应用电子技术专业职业素养见表 1－3。

表 1－3　职业素养

职业素养	合作企业要求举例
（1）具有良好的道德品质，遵纪守法、吃苦耐劳、爱岗敬业 （2）具有安全生产知识和责任意识，保证工作质量 （3）具有良好的团队合作精神和人际交往能力，具备较强的工作执行能力，高效完成工作 （4）具有良好的节能环保意识，并贯穿工作始终 （5）善于学习，具有分析和处理问题的能力	（1）具备正确运用语言文字获取客户信息的能力，能独立组织工作会议 （2）具有全局观念、保密及安全意识 （3）明确自己在团队工作任务中的角色和责任 （4）具备按照工作任务要求，合理制订工作目标和计划，能够运用专业知识，解决工作中出现的较复杂的问题 （5）能够按照工作流程，协调各方资源，及时收集、核对工作任务进展信息，发现问题及时做出调整和决定 （6）能够自觉跟踪、吸收本岗位的新知识、新技术，并运用到实际工作中

2. 专业能力

应用电子技术专业专业能力见表 1－4。

表 1－4　专业能力

专业能力	合作企业要求举例（产品开发岗）
（1）能够识别与检测电子元器件，正确使用电子仪器仪表 （2）能够运用 CAD 软件正确绘制电路原理图及 PCB 图 （3）能够识读电路图，正确选用器件或模块电路实现整体功能 （4）能够编制电子产品生产工艺文件，正确操控设备，并进行生产岗位组织管理 （5）能够应用单片机技术设计智能电子产品 （6）熟悉产品质量认证体系及行业技术标准	（1）对任务进行评估，掌握环保安规及行业设计标准 （2）会使用设计软件等工具，能够对设计方案潜在失效模式进行评估 （3）能够控制产品开发成本 （4）能够对设计方案的可制造性、工艺性及可测试性进行评估 （5）具备分析、设计及整改设计方案电路的能力 （6）能够完成样机制作和整改 （7）按客户要求形成规范、完整的产品开发设计资料

八、典型工作任务及职业能力分析

根据本专业产品开发、过程开发、调测校验、运营管控及生产管理等目标岗位，运用头脑风暴及统计分析等方法，开展行业企业专家研讨，获得 11 个典型工作任务，以及 42 个工作项目、146 个工作任务、658 条职业能力点。典型工作任务见表 1－5，职业能力分析表见附录。

表 1－5　典型工作任务

序号	典型工作任务	工作项目及职业能力要求
1	开发任务评估	界定行业技术/质量标准与规范
		界定产品设计的各种技术标准
		精通相关物理学、电子等理论知识，掌握材料、化学等知识
		掌握 SMT 方面电子器件及 PCB 焊接知识
2	可行性分析	领会硬件设计的各种技术/标准，了解芯片及器件
		能够使用常用原理图软件、PCB 软件
		能够撰写技术文件
		能够使用原理图软件
		能够使用 PCB 软件
		精通数电/模电/电源等专业知识
		具备一定的机械相关领域知识
		能正确应用芯片、元件、器件、模块、PCB 等材料的规格书（Datasheet）

（续上表）

序号	典型工作任务	工作项目及职业能力要求
2	可行性分析	具备元器件降额应用选型、计算的能力
		掌握本公司的 PCB 设计规范
		掌握各种电子电路 PCB/FPCB 的制造工艺
		能够使用仪器、仪表、设备、工具
		焊接、拆焊电路板（一般由 PE 或修理员处理）
		精通数电/模电/电源等专业知识
		精通客户人机界面及各功能要求
		理会原理图
		使用 C 语言进行程序编写、调试
		掌握其他语言的读写
		掌握软件与器件 FLASH 芯片的兼容性
		精通软件的写入工具、设备方式
		精通芯片、元件、器件、模块等材料的规格、型号、特性、封装、价格等
		精通工艺操作技能
		精通电烙铁等常用工具的使用
		掌握电子组装工艺
		掌握结构联装工艺
		能使用电烙铁、示波器、万用表、音频分析仪（AP）、频谱分析仪、扫频仪、网络分析仪、逻辑分析仪、热量计等仪器仪表
		能测量材料、部件
		能调整参数、更换器件
3	制程异常的分析	掌握电子元器件的特性、参数
		具有分析识读电路原理的能力
		具有使用制图软件（Protel 2004）进行原理图绘制的能力
		具有使用制图软件（Protel 2004）进行 PCB 设计的能力
4	工具的设计制作	能识读电路原理图，分析电路原理
		具有使用设备（万用表、电参数测量仪、示波器）进行电路测量的能力

（续上表）

序号	典型工作任务	工作项目及职业能力要求
5	制程仪器的调试维护	掌握机电基础知识
		掌握电气安全规则基础知识
		具有识读电路原理图，分析电路原理的能力
6	制程工艺开发	能够编写作业指导书
		能够制定工艺流程
		能够制作仪表、夹具清单
		掌握行业工艺管理标准
		掌握电子、结构装联工艺知识
		掌握仪器仪表、设备安全操作规范
		掌握基本设备、工具的功能及其参数设定方法（烙铁、电批、波峰焊接机、超声波焊接机、注胶机、卡尺等）
7	供应商品质管理	掌握 ISO 9001 及 QS 9000 的基本知识
		按 ISO 9001 及 QS 9000 的要求完成日常工作
		掌握 5S、JIT、看板管理
		掌握企业文控系统构成
8	产品测试开发	读懂电路 PCB 图
		掌握产品规格书
		掌握客户的特殊测试要求
		具备操作产品的各项功能的能力
		掌握常用仪器仪表的特性、应用及校准、送检的相关知识
		掌握不同测试环境要求（高温、高湿、接地等）
		掌握电子产品测试的基本方法
		掌握产品测试防护的安全措施
		识读并正确应用芯片、元件、器件、模块、PCB 等材料的规格书（Datasheet）
9	生产准备	领会作业指导书里的工艺要求
		掌握常用专业术语
		能使用常用工具
		能识读电路原理图
		能判断常规电子元件的失效

（续上表）

序号	典型工作任务	工作项目及职业能力要求
10	装配	具有电子元器件识别能力
		掌握电子元器件的焊接温度要求
		掌握焊接工具的使用方法
		掌握焊接工艺的标准
		掌握焊接设备（回流焊、波锋焊、小锡炉、电烙铁、加热平台、热风枪）的使用要求
		能操作 SMT 机器
		掌握机器保养知识、初步维修调试
11	生产过程管理	掌握工艺标准
		掌握生产异常处理流程
		掌握质量标准

九、课程结构

本专业的课程体系建构是根据现代电子信息产品研发、制造类企业产品开发、过程开发、调测校验、运营管控及生产管理主要岗位群所需知识、能力及素质要求，由公共基础课程模块和专业课程模块构成。专业课程模块又由专业技术技能课程模块、学徒岗位能力课程模块和专业拓展课程模块组成（见表 1 –6）。

表 1 –6　课程结构

课程模块	课程名称	课程性质
公共基础课程	思想品德修养与法律基础	必修课
	毛泽东思想和中国特色社会主义理论体系概论	必修课
	形势与政策	必修课
	高等应用数学	必修课
	大学英语	必修课
	计算机应用基础	必修课
	体育	必修课
	就业指导与职业生涯设计	必修课
	创新创业基础	必修课

续上表

课程模块		课程名称	课程性质
专业课程	专业技术技能课程	电路与电工技术	必修课
		电子电路调试与应用	必修课
		电子电路绘图与制版	必修课
		C 语言程序设计	必修课
		传感器技术与应用	必修课
		PLC 可编程控制器应用技术	必修课
		单片机应用系统设计与调试	必修课
		毕业设计或毕业论文	必修课
	学徒岗位能力课程	电子产品物料种类与标准	限选课
		电子产品印刷技术与实践	限选课
		SMT 贴片技术与实践	限选课
		电子产品焊接技术与实践	限选课
		电子产品检测技术与实践	限选课
		电子产品工艺编制技术与实践	限选课
		ISO 9000 认证与产品质量管理	限选课
	专业拓展课程	由学校自行设置，不低于 6 学分	任选课

十、课程内容及要求

1. 公共基础课程

应用电子技术专业公共基础课程见表 1 – 7。

表 1 – 7　公共基础课程

序号	课程名称	主要教学内容和要求	参考学时
1	思想品德修养与法律基础	本课程是高校学生进行思想道德和法制观念教育的必修课。通过该课程的理论学习和实践体验，帮助学生形成正确的理想信念，弘扬爱国主义精神，树立正确的人生观和价值观，加强思想品德修养，增强学法、守法、用法的自觉性，全面提高思想道德素质和法律素质，使之成为品学兼优的社会主义现代化建设应用型人才	72

（续上表）

序号	课程名称	主要教学内容和要求	参考学时
2	毛泽东思想和中国特色社会主义理论体系概论	本课程主要对学生进行中国特色社会主义理论与实践教育，使学生能够正确地理解和掌握毛泽东思想及中国特色社会主义理论的科学体系、精神实质和立场、观点、方法，树立建设中国特色社会主义的坚定信念，培养运用马克思主义的立场、观点和方法分析和解决问题的能力，增强执行党的基本路线和基本纲领的自觉性和坚定性，积极投身全面建设小康社会的伟大实践	72
3	形势与政策	本课程通过了解国际、国内形势，使学生全面正确认识党和国家面临的形势和任务，正确认识世情、国情、党情，正确理解并拥护党的路线、方针和政策；增加学生的爱国主义责任感和使命感，不断提高学生的爱国主义和社会主义觉悟；增强实现改革开放和社会主义现代化建设宏伟目标的信心和社会责任感，提高当代大学生投身于国家经济建设事业的自觉性和态度，明确自身的人生定位和奋斗目标	36
4	高等应用数学	通过本课程各个环节的教学，使学生获得必需的数学知识，逐步培养学生的抽象思维能力、逻辑推理能力、空间想象能力和自学能力。主要内容包括函数、极限、连续、一元函数微分学、一元函数积分学、向量代数与空间解析几何学、多元函数微分学、多元函数积分学、无穷级数与常微分方程等。为学习后继课程和进一步获得数学知识奠定必要的数学基础	72
5	大学英语	本课程以培养学生实际应用英语的能力为目标，侧重职场环境下语言交际能力的培养，使学生逐步提高用英语进行交流与沟通的能力。同时，使学生掌握有效的学习方法和策略，培养学生的学习兴趣和自主学习能力，提高学生的综合文化素养和跨文化交际意识，为提升学生的就业竞争力及未来的可持续发展打下必要的基础	144
6	计算机应用基础	学习计算机基础知识、Windows 桌面操作系统的功能及使用、办公软件的使用、计算机网络的基础知识及使用。通过学习，掌握计算机操作的基本技能，具有常用的文字处理能力、常用的数据处理能力和一定的演示文稿处理能力，具有一定的信息获取、整理、加工能力和网上交互能力，为以后的学习和工作打下基础	72

（续上表）

序号	课程名称	主要教学内容和要求	参考学时
7	体育	本课程的目标是全面锻炼学生的身体，增强体质，使学生掌握体育基本知识、技术和技能，培养终身体育锻炼的能力和习惯。通过本课程的学习和训练，使学生了解体育锻炼的原则与方法，常见运动损伤的预防与处理，具有一定的体育文化欣赏能力；掌握两项以上体育运动项目的基本知识、技术和技能；增强体质，促进身心健康，培养吃苦耐劳、勇敢顽强的意志品质；在健康体质测试中达标，养成终身体育锻炼的能力和习惯。 本课程以身体练习为主要手段，通过合理的体育与健康教育及科学的体育锻炼过程，达到增强体质、增进健康及提高体育素养的主要目标。课程主要涉及体育与健康的基本理论、田径、球类、武术、运动保健等内容，通过学习，学生掌握各专项运动的基本知识、技术和技能；加强身体全面训练，改善身体形态、机能，提高学生的身体素质和运动能力，增进健康；掌握科学锻炼身体的方法和保健养生及运动损伤预防常识	72
8	就业指导与职业生涯设计	本课程是关于职业启蒙、职业目标、职业意识、求职技巧和创业准备的应用型课程，教学目的是培养学生的社会适应能力，提高其可雇用能力。让学生理解职业与成才的关系、理解职业生涯设计的意义和基本内容，让学生学会认识自己和社会，初步完成职业生涯设计；让学生初步形成职业意识，学会初到企业的通用的行为规范，学会处理企业中的人际关系；让学生初步学会求职申请和面试的基本技巧	36
9	创新创业基础	本课程通过理论讲授与案例分析相结合、小组讨论与角色体验相结合，使学生掌握开展创新创业活动所需要的基础知识和基本理论，熟悉创新创业的基本流程和基本方法，激发学生的创新创业意识和企业家精神，提高学生的社会责任感、创新精神和创业能力，促进学生创业、就业和全面发展	48

2. **专业技术技能课程**

应用电子技术专业专业技术技能课程见表 1－8。

表1－8　专业技术技能课程

序号	课程名称	对接典型工作任务及职业能力	主要教学内容和要求	参考学时
1	电路与电工技术	01－01－03 07－01－02 10－02－03 10－02－04 11－01－02 11－01－03 11－03－02 26－04－02	**内容：** （1）电路的基本概念和直流电路分析 （2）正弦稳态电路的分析 （3）三相交流电路 （4）一阶电路的暂态分析 （5）磁路与变压器 （6）三相交流电动机典型控制电路 （7）常用电工工具与仪表的使用 **要求：** （1）能够熟练运用基尔霍夫定律对电路进行分析计算 （2）会分析计算交流电路元件的电量，包括功率与功率因数 （3）能够在供电系统中连接负载和分析计算负载的电压、电流和功率，掌握安全用电措施 （4）理解一阶电路的暂态过程 （5）掌握变压器的结构和工作原理，能够正确使用变压器 （6）能够正确连接安装三相异步电动机典型控制电路 （7）能够正确使用电工仪表对电路各电量进行测量	54 或 72
2	电子电路调试与应用	03－01－01 03－01－04 03－01－08 03－02－01 03－02－09 03－05－08 03－06－01 03－06－03 07－01－01 07－01－02 07－01－03 10－02－03 11－03－02 20－01－04 21－01－08 21－02－04 21－02－07 21－02－11	**内容：** （1）直流稳压电源的设计与制作 （2）分立元件助听器的设计与制作 （3）集成前置放大电路的设计与制作 （4）50 W 音频功率放大器的制作与调试 （5）两位二进制数值比较器的设计与制作 （6）24 秒倒计时电路的设计与制作 **要求：** （1）掌握各类分立元件及集成电路的性能、参数、使用方法及工作原理 （2）能够识读和分析各类电子产品电路工作原理图 （3）能够用仿真软件进行电路设计仿真，分析并改进设计方案 （4）能够正确使用仪器仪表对各类电路进行测试、调整和改进 （5）能够根据要求设计、制作出功能完备的电子作品	144 或 180

续上表

序号	课程名称	对接典型工作任务及职业能力	主要教学内容和要求	参考学时
3	电子电路绘图与制版	02-02-04 03-01-01 03-01-02 03-01-10 03-01-13 03-01-14 03-04-03 07-01-04 07-01-05 21-02-06	**内容：** （1）原理图的规范化设计 （2）印刷电路板的设计标准及手工制作 （3）低频线路板设计 （4）模数混合线路板设计 （5）多层线路板设计 **要求：** （1）能够熟练使用软件绘制各类图纸，并能根据需要修改、制作、添加各类元件符号和元件封装 （2）能正确设置绘图参数，能根据要求进行手动布局、布线，按照工艺要求完成 PCB 板的自动、手动设计 （3）能根据实物绘制出原理图、印制板图，能提供各种技术文档 （4）能够运用热转印法，手工制作单面 PCB 板并组装、调试制作的电子产品	54 或 72
4	C 语言程序设计	03-03-03 03-03-06 43-06-01 43-12-02	**内容：** （1）C 语言编程基础知识 （2）C 程序基本语法规范 （3）C 语言程序设计的顺序、分支结构的认知与应用 （4）C 程序程序设计的循环结构设计 （5）数组、指针的定义与使用 （6）函数、变量的定义与使用 （7）结构体与共用体的定义与使用 **要求：** （1）掌握 C 语言的书写格式及开发环境 （2）掌握常量、变量、运算符及各种表达式规则 （3）掌握逻辑运算、条件运算及各种语句的表达方式及使用 （4）掌握一维、二维数组，字符串及字符串函数使用方法 （5）掌握指针、函数和变量的使用方法 （6）掌握结构体类型及枚举类型常用形式和使用方法	54 或 72

续上表

序号	课程名称	对接典型工作任务及职业能力	主要教学内容和要求	参考学时
5	传感器技术与应用	01－01－02 01－01－03 02－02－02 02－03－02 02－04－03 03－01－06 03－01－10 03－01－12 03－04－03 03－06－01 03－06－02 03－06－05 10－02－02 10－02－04 21－03－06	**内容：** （1）非电量的检测方法、手段 （2）常用传感器的组成、功能、基本工作原理及性能特点 （3）数据采集常用接口电路及信号处理技术 （4）使用 LabVIEW 进行数据采集与分析 （5）使用 MCGS 组态软件进行数据采集与分析 **要求：** （1）能使用 LabVIEW 软件和 MCGS 组态软件进行数据采集与分析 （2）熟悉和掌握数据采集与处理技术系统的整体结构与组成、数据采集系统的软件设计 （3）能够独立设计和调试数据采集检测系统工程项目	72
6	PLC 可编程控制器应用技术	01－01－02 02－02－01 02－04－03 03－01－04 03－01－05 03－03－01 03－06－01 06－01－02 17－04－03 21－02－06	**内容：** （1）可编程控制器的系统构成与工作原理 （2）可编程控制器的基本指令 （3）可编程控制器的程序设计 （4）可编程控制器的功能指令 （5）可编程控制器的通信 （6）触摸屏、变频器的应用 （7）可编程控制系统综合设计 **要求：** （1）熟悉可编程控制器的结构和工作原理；掌握三菱 FX（2N）系列可编程控制器的性能指标及硬件安装 （2）掌握三菱 FX（2N）系列可编程控制器的基本编程指令的应用 （3）掌握经验设计法、顺序控制设计法与顺序功能图 （4）掌握可编程控制器的程序流转控制功能指令、传送与比较、算术和逻辑运算、数据处理、外部 I/O 设备等功能指令的运用 （5）掌握 PLC 特殊功能模块应用及数据通信设置 （6）掌握触摸屏、变频器的设置及应用	72 或 90

续上表

序号	课程名称	对接典型工作任务及职业能力	主要教学内容和要求	参考学时
7	单片机应用系统设计与调试	01－01－02 02－02－01 03－01－01 03－01－04 03－01－08 03－02－06 03－03－01 03－03－03 03－03－05 03－03－06 03－05－06	**内容：** (1) 单片机的结构与原理 (2) 单片机并行 I/O 端口的应用 (3) 单片机的中断系统 (4) 单片机的定时/计数器 (5) 单片机的显示与键盘接口技术 (6) 单片机的通信技术 (7) 单片机系统扩展 **要求：** (1) 能够根据项目要求进行整体方案设计，绘制出硬件线路图 (2) 能够根据控制要求对工作任务进行分析并对功能模块设计相应算法，绘制出程序流程图 (3) 能够熟练使用汇编语言或 C 语言根据程序流程图编写程序，能够使用仿真软件或仿真工具对所编写的程序进行调试和修改 (4) 能够正确使用相应的仪器仪表检测硬件并进行调试解决故障	72 或 90

注："对接典型工作任务及职业能力"栏目下的编码与本书附录"1. 现代学徒制应用电子技术专业职业能力分析表"中的编码一致。

3. 学徒岗位能力课程

应用电子技术专业学徒岗位能力课程见表 1－9。

表 1－9　学徒岗位能力课程

序号	课程名称	对接典型工作任务及职业能力	主要教学内容和要求	参考学时
1	电子产品物料种类与标准	01－01－07 03－01－02 03－02－04 03－04－03 21－02－06 26－05－01 33－01－01 33－03－03 35－02－01	**内容：** (1) 电子元器件种类、型号、规格及参数 (2) 区分及识读电子元器件的方法 (3) 电子产品物料编码及管理 (4) 物料员岗位规范 **要求：** (1) 能识读并正确应用芯片、元件、器件、模块等材料的规格书（Datasheet） (2) 能核对 BOM 表，精通常用物料的种类、型号及规格	36

续上表

序号	课程名称	对接典型工作任务及职业能力	主要教学内容和要求	参考学时
1	电子产品物料种类与标准	36－02－01 36－03－02 40－01－01 41－01－02 43－01－03	（3）能对物料进行分类、统计并录入管理系统 （4）熟悉物料采购、检验、配送和收发流程	
2	电子产品印刷技术与实践	01－01－07 03－05－01 03－05－03 05－01－01 13－03－02 13－03－08 15－01－01 24－01－01 24－01－02 26－04－03 27－05－02	**内容：** （1）印刷工艺流程 （2）模板和刮板 （3）印刷设备种类、结构及特点 （4）印刷机工艺参数设置 （5）点胶和印胶技术 （6）印刷异常分析 **要求：** （1）能根据产品要求设计并制作印刷模板 （2）能根据产品情况点胶或印胶电子线路板 （3）能根据产品生产要求设置印刷机工艺参数 （4）能操控印刷设备对电子产品进行锡膏印刷 （5）能识别产品印刷缺陷并进行故障处理	72 或 108
3	SMT 贴片技术与实践	01－01－07 26－01－01 26－01－02 26－03－01 26－03－02 26－05－01 26－06－01 26－06－02 27－01－01 27－01－02 27－01－04 27－05－02 27－05－06	**内容：** （1）贴片机分类与结构 （2）贴片机的主要技术参数 （3）贴片机视觉系统 （4）贴片机编程 （5）贴片机常见故障及解决方法 **要求：** （1）能够进行电子产品贴片工艺生产 （2）能根据产品生产要求设置贴片机工艺参数 （3）能根据产品生产要求编制贴片工艺程序 （4）能识别产品贴片缺陷并改正贴片工艺 （5）能够判断贴片设备故障并检修	90 或 108

续上表

序号	课程名称	对接典型工作任务及职业能力	主要教学内容和要求	参考学时
4	电子产品焊接技术与实践	03－02－02 03－05－01 03－05－02 03－05－03 03－05－04 13－03－08 24－01－01 24－01－02 27－02－01 27－02－02 27－02－03 27－02－04	内容： （1）回流焊机的结构及工作原理 （2）回流温度曲线和焊接工艺设置 （3）回流焊接缺陷分析和处理办法 （4）波峰焊的结构及工作原理 （5）波峰焊工艺控制 （6）通孔回流焊的特点 （7）通孔回流焊工艺 （8）焊接异常分析及故障处理方法 要求： （1）能够根据电子产品生产要求正确设置焊接设备温度曲线及工艺参数 （2）能够正确操作焊接设备对产品进行焊接 （3）能够分析产品焊接缺陷并解决问题	90 或 108
5	电子产品检测技术与实践	07－01－02 10－02－03 11－03－02 21－01－01 21－01－02 21－01－03 21－01－04 21－01－05 21－01－06 21－01－07 21－01－10 21－01－12 22－02－01 22－02－02 22－02－03 22－02－04 22－03－01 22－03－02 22－03－03 22－03－04 22－03－05 22－04－01 22－04－05 22－05－02	内容： （1）电子产品检测工具、仪器仪表及设备类型 （2）AOI 设备工作原理及使用标准 （3）ICT 测试机工作原理及测试方法 （4）飞针测试与边界扫描测试 （5）X 射线基本测试原理 （6）电子产品质量控制及检验标准 （7）问题分析处理与测试报告撰写 要求： （1）能够根据产品正确选择检测工具或设备，并进行检测方法设计 （2）能够正确操作检测工具或设备对产品进行检测 （3）能够应用检验标准对产品进行质量控制并对故障产品进行修复	108

续上表

序号	课程名称	对接典型工作任务及职业能力	主要教学内容和要求	参考学时
6	电子产品工艺编制技术与实践	02－03－04 02－04－03 08－01－03 08－03－03 08－05－01 13－03－01 13－03－02 13－03－04 14－01－04 14－02－06 15－01－02 15－02－04 15－03－04 23－01－05 24－01－02 43－03－02 43－04－02	**内容：** （1）电子产品生产线总体设计原则 （2）电子产品生产设备安装类型及产品工艺流程 （3）工艺文件设计原则 （4）工艺难点分析 （5）工艺文件更改原则 （6）工艺文件现场指导方法 **要求：** （1）能够根据产品技术要求进行工艺文件设计 （2）能够正确编制产品工艺文件 （3）能够进行工艺文件改进及现场生产指导	108或144
7	ISO 9000 认证与产品质量管理	01－01－01 01－01－02 08－05－01 13－03－01 19－01－01 19－01－02 19－01－04 31－01－01 31－01－02 31－01－05 43－03－01 43－05－05 43－08－02	**内容：** （1）质量管理体系的基本概念及意义 （2）质量管理体系认证 （3）ISO 9000 标准及特点 （4）八项质量管理原则 （5）质量管理体系要求与产品要求 （6）质量管理体系方法、方针及目标 （7）质量管理体系评价及标准术语 （8）质量管理体系要求条款 （9）质量管理体系的建立与实施 （10）质量管理体系认证及审核 （11）产品质量认证 **要求：** （1）能够运用 ISO 9000 质量认证体系知识，对生产现场进行产品质量控制与管理 （2）能够分析和处理生产过程中出现的质量事故 （3）具备成为质量管理体系内审员的能力 （4）能够胜任电子产品质检员、品管员及技术员的工作岗位	54

注："对接典型工作任务及职业能力"栏目下的编码与本书附录"1. 现代学徒制应用电子技术专业职业能力分析表"中的编码一致。

十一、教学安排

（一）二年制

现代学徒制应用电子技术专业二年制教学安排见表 1－10。

表 1－10　二年制教学安排

课程类别		课程名称	学分	总学时	各学期周数、学时分配				教学场所学时分配		评价方式	说明
					1	2	3	4	学校	企业		
					18	18	18	18				
公共基础课程	必修课	思想品德修养与法律基础	4	72	2	2			54	18	报告	
		毛泽东思想和中国特色社会主义理论体系概论	4	72			4		72		报告	
		形势与政策	2	36	1	1			36		报告	
		高等应用数学	4	72	4				72		笔试	
		大学英语	8	144	4	4			144		笔试	
		计算机应用基础	4	72		4			72		实操	
		体育	4	72	2	2			72		任务考核	
		就业指导与职业生涯设计	2	36	1		1		18	18	报告	
		创新创业基础	2	36	2				32	16	笔试	
		已安排课程小计	34	612	16	13	5					
		……	…	…	…	…	…	…				
		小计	34	650								
专业课程	专业技术技能课程（必修课）	电子电路调试与应用	8	144	4	4			108	36	笔试	
		电子电路绘图与制版	3	54		3			36	18	实操	
		电路与电工技术	3	54	3				36	18	笔试	
		C 语言程序设计	3	54	3				54		机考	
		传感器技术与应用	4	72			4		54	18	笔试	
		PLC 可编程控制器应用技术	4	72			4		54	18	笔试	
		单片机应用系统设计与调试	4	72		4			54	18	机考	
		毕业设计或毕业论文	5	140				5				
		已安排课程小计	34	662	10	11	8	5				
		……	…	…	…	…	…	…				
		小计	34	800								

（续上表）

课程类别		课程名称	学分	总学时	各学期周数、学时分配				教学场所学时分配		评价方式	说明
					1	2	3	4	学校	企业		
					18	18	18	18				
专业课程	学徒岗位能力课程（限选课）	电子产品印刷技术与实践	4	72		2	2		36	36	业绩考核	
		SMT 贴片技术与实践	5	90			2	3	36	54	业绩考核	
		电子产品焊接技术与实践	5	90			2	3	36	54	业绩考核	
		电子产品检测技术与实践	5	90			2	3	36	54	业绩考核	
		电子产品工艺编制技术与实践	6	108			2	4	36	72	业绩考核	
		ISO 9000 认证与产品质量管理	3	54				3	36	18	任务考核	
		已安排课程小计	28	504	–	2	10	16				
		……	…	…	…	…	…	…				
		小计	28	600								
任选课（含专业拓展课程）		……		150 ~ 200	…	…	…	…				
合　　计			大于 90	2 000 ~ 2 200	22 ~ 26	22 ~ 26	22 ~ 26	28				

注：“……”表示由各院校自行安排的必修课程、选修课程。

（二）三年制

现代学徒制应用电子技术专业三年制教学安排见表 1 – 11。

表 1 – 11　三年制教学安排

课程类别		课程名称	学分	总学时	各学期周数、学时分配						教学场所学时分配		评价方式	说明
					1	2	3	4	5	6	学校	企业		
					18	18	18	18	18	18				
公共基础课程	必修课	思想品德修养与法律基础	4	72	2	2					54	18	报告	
		毛泽东思想和中国特色社会主义理论体系概论	4	72			4				72		报告	
		形势与政策	2	36	1	1					36		报告	

（续上表）

课程类别		课程名称	学分	总学时	各学期周数、学时分配						教学场所学时分配		评价方式	说明
					1	2	3	4	5	6	学校	企业		
					18	18	18	18	18	18				
公共基础课程	必修课	高等应用数学	4	72	4						72		笔试	
		英语	8	144	4	4					144		笔试	
		计算机应用基础	4	72		4					72		实操	
		体育	4	72	2	2					72		任务考核	
		就业指导与职业生涯设计	2	36	1		1				18	18	报告	
		创新创业基础	2	36	2						32	16	笔试	
		已安排课程小计	34	612	16	13	5	–						
		……												
		小计	34	650										
专业课程	专业技术技能课程	电子电路调试与应用	10	180	5	5					144	36	笔试	
		电子电路绘图与制版	4	72					4		54	18	实操	
		电路与电工技术	4	72	4						54	18	笔试	
		C 语言程序设计	4	72		4					72		机考	
		传感器技术与应用	4	72					4		54	18	笔试	
		PLC 可编程控制器应用技术	5	90			5				54	36	笔试	
		单片机应用系统设计与调试	5	90			5				54	36	机考	
		毕业设计或毕业论文	5	140						5			任务考核	
		已安排课程小计	41	788	9	9	10	–	8	5				
		……												
		小计	41	900										
	学徒岗位能力课程（限选课）	电子产品物料种类与标准	2	36			2				24	12	任务考核	
		电子产品印刷技术与实践	6	108			2	4			36	72	业绩考核	
		SMT 贴片技术与实践	6	108			2	4			36	72	业绩考核	
		电子产品焊接技术与实践	6	108			2	4			36	72	业绩考核	
		电子产品检测技术与实践	6	108			2	4			36	72	业绩考核	
		电子产品工艺编制技术与实践	8	144				3	5		54	90	业绩考核	

（续上表）

课程类别		课程名称	学分	总学时	各学期周数、学时分配						教学场所学时分配		评价方式	说明
					1	2	3	4	5	6	学校	企业		
					18	18	18	18	18	18				
专业课程	学徒岗位能力课程（限选课）	ISO 9000 认证与产品质量管理	3	54					3		27	27	任务考核	
		已安排课程小计	37	666	–	–	10	19	8	–				
		……												
		小计	37	700										
已安排课程合计														
任选课（含专业拓展课程）		……		300 ~ 500										在 4 ~ 5 学期内完成
合　计			不低于 120	2 500 ~ 2 700	22 ~ 26	22 ~ 26	22 ~ 26	22 ~ 26	22 ~ 26	28				

注：“……”表示由各院校自行安排的必修课程、选修课程。

十二、教学基本条件

现代学徒制由校企联合培养区域产业急需的高级技术技能型人才，采取工学交替的教学方式，专业理论教学以学校导师为主，岗位实践及实训教学以企业导师为主；教学在双场地实施，合作企业需要提供充足的技术人员承担学徒的岗位实践指导和培养任务，企业还需提供足够的岗位，供学徒顶岗及轮岗实践。

（一）学校条件

1. 学校导师条件

（1）具备全日制普通高等学校电子信息类专业本科或研究生以上学历，接受过职业教育教学法的培训，具有独立开发职业课程的能力。

（2）从事实践教学的主讲教师应具备电类相关职业资格证书（含高级工）或是“双师型”教师；从事辅助教学的实训指导教师要具有 2 年以上企业工作经历，熟悉设备操作。

2. **校内实训室**

学校必须具备电子产品基础教学、电子产品设计、电子产品调测、智能控制、电子产品生产车间等实训室，主要设施设备及数量见表1－12。

表1－12　现代学徒制应用电子技术专业校内实训条件要求一览表

序号	实训室名称	主要工具和设施设备		
		名称	规格	数量
1	电子产品基础教学中心	直流稳压电源		20台
		数字示波器	固纬 GDS－2102A	20台
		函数信号发生器	固纬 AFG－2225	20台
		数字毫伏表		19台
		电脑		60台
		单片机编程器		20台
		单片机仿真器		20台
		EDA 数字实验箱		10台
2	电子产品生产车间	数字存储示波器	DS6064	20台
		直流稳压电源		8台
		生产线		3条
		全自动印刷机	GKG G5	1台
		全自动贴片机	三星 SM482S	2台
		回流焊炉	Genesin－608	1台
		波峰焊炉	FM－350	1台
		AOI 光学检测系统	ALD515	1台
		半自动印刷机		2台
		BGA 自动返修台		1台
3	智能控制中心	PLC、触摸屏、变频器综合实训台		25套
		三相异步电动机		5台
		综合实训及控制执行装置		5套
4	电子产品创新创业中心	示波器、信号发生器、电源、交流毫伏表		10套
		DSP、FPGA、单片机开发系统及仿真器		15台
		自动控制设备		1套
		视觉机器人		1台
		能源系统与电力电子教学平台		1台

（续上表）

序号	实训室名称	主要工具和设施设备		
		名称	规格	数量
5	EDA 工程中心	FPGA 实验箱		31 个
		CMOS 摄像头模块		5 个
		GPS 全球定位模块		5 个
		GPRS 手机模块		5 个
		电脑		60 台
6	电子产品设计中心	电子产品设计开发综合实训平台	LY－CPSJ－01	30 套
7	电子产品调测中心	高精密测试设备 机器人系统 传感器终端等		20 套

（二）企业条件

1．企业导师条件

（1）合作企业提供的企业导师必须具有工程师及以上职称，或管理岗位经理及以上职务，在企业技术研发或生产一线岗位工作至少 3 年以上。

（2）负责指导实训教学的企业导师必须由资深技师或工程师担任。

2．岗位培养条件

合作企业必须能够提供配备全自动锡膏印刷机、贴片机、回流焊接机及 AOI 检测设备的全自动生产线 2 条以上，能提供产品开发、过程开发、调测校验、运营管控及生产管理等主要岗位供学徒顶岗、轮岗实践，顶岗前，须配备企业导师指导学徒跟岗；顶岗、轮岗阶段，企业导师按专业技能、产品质量、成本意识、纪律性、积极性、合作性及 7S 执行等测评指标对学徒进行考核，考核成绩占学徒岗位能力课程成绩的 70%。

十三、教学实施建议

（一）教学要求

公共基础课程在教学过程中，要符合教育部有关教育教学的基本要求，针对现代学徒制生源，应注重文化基础课程的教学质量，重在培养学生基本科学文化素养、服务学生专业学习和终生发展，突出“以学生为中心”的理念，强调探究性学习、互动学习、协作学习等多种学习策略，充分调动学生学习积极性，做到学以致用，为学生综合素质的提高、持续学习能力的提升、职业能力的形成和可持续发展奠定基础。

专业课程的教学按照职业岗位（群）的能力要求，强调理实一体化，突出“做中学、做中教”的职业教育教学特色，教学方法上充分运用行动导向教学法，采用任务驱动、项目教学、案例教学等多种教学方法，充分调动学生学习的自觉性，有效地培养学生逻辑思维能力及可持续发展的能力。通过校内理论学习、实操训练、校外顶岗实践学习，不断提高学生的职业技能，满足企业岗位需求。在教学过程中，通过数字化资源、仿真资源的开发与利用，结合实物教学，提高教学质量。

（二）教学组织形式

1. 学校—企业双场地轮流训教

根据现代学徒制人才培养方案课程模块构成及人才培养质量要求，建议学生第一学年在学校完成公共素质及专业基础课程学习，教学以学校导师为主；第二、三学年去企业实践，教学在学校、企业双场地进行，以企业在岗实践为主。

2. 实施专业理论与岗位技能工学交替的教学模式

到企业后，按周或按月实施工学交替教学，每学期累计不少于 1/3 时间教授专业理论，约 2/3 时间在岗实践。专业理论以学校导师为主，在岗实践以企业导师为主。

（三）学业评价

1. 专业技术技能课程

采用平时 + 项目考核（或期末试卷考核）的方式，学生平时的出勤情况、作业情况、课堂回答问题等情况占考核的 20%—40%；项目考核或期末试卷考核占 60%—80%，具体考核比例按课程标准执行，主要由学校导师进行考核。

2. 学徒岗位能力课程

学徒岗位能力课程由过程考核、目标考核和企业顶岗实践考核构成，过程考核占总评定的 40%，主要考核学徒的学习及实践态度、方案制订及操作执行能力、过程性文件制作整理、安全操作规范等情况；目标考核占总评定的 30%，主要考核学徒专业理论及技能的学习掌握情况；企业顶岗实践考核占总评定的 30%，主要考核学徒在顶岗实践中的岗位技能及职业素养；各项考核由校企双导师共同进行。

（四）教学管理

现代学徒制班的教学管理过程要具有一定的规范性和灵活性，要能够根据合作企业的生产情况，合理地调配校企双导师及双场地的教学资源，充分保证学生的专业理论及顶岗实践教学顺利进行。

1. 明确教学任务及分工

学生第二、三学年去企业后，每学期的课程由校企双导师共同教授。根据共同制订的现代学徒制人才培养方案进行开课，明确授课地点及教师，专业理论课程以学校教师为主，在岗实践课程以企业导师为主，充分依托学校及企业资源，教学在双场地合理安排实施。

2. 学生在岗实践管理

根据企业生产情况及专业理论授课情况，合理安排学生参加在岗实践，以利于学生及时掌握所学理论；在岗实践时，指定专门的企业导师对学生进行指导、考核和管理。

3. 时间管理

学员在岗实践工作期间与企业生产员工同作息；上课期间，按照课程表安排作息时间。

4. 教学运行管理

专业教学部在学校教务处领导下，按学校要求进行成绩、考务、学籍等管理；有计划地安排督导和专业教师去课堂听课，及时检查校企教师教学进度及授课情况，定期召开学徒座谈会、听取学徒对校企教师的教学反馈，及时指导和调整教学运行。通过建立学徒 QQ 群及学徒评教情况，实现多层次、全方位的动态管理，以保证教学质量。

（五）质量监控

1. 学校措施

（1）建立学院（校）、分院（系）两级督学系统。

聘请有丰富教学经验和教学管理经验的老教师、退休的教学管理人员组成校院两级督学小组，实现督教、督学、督管。

（2）建立学生课堂教学效果反馈系统。

由学校督导室建立全校学生信息员 QQ 群，由学生信息员随时向学校督导反馈教学运行情况；每学期期中，召开学生教学质量座谈会，面对面地反馈教学过程中存在的问题；学期末，由学生会组织学生填写《课堂教学效果反馈表》，对所有上课教师的教学效果进行反馈。

（3）建立网络教学评价反馈系统。

每学期，由学校督导、二级学院专业系部和学生在学校教务管理系统上对每位任课教师进行评教打分，并形成最终的教学效果及教学质量评价表，该结果作为教师晋职、评优的重要依据。

2. 企业措施

（1）根据学生在岗实践情况，制订考核标准（考核指标包括生产安全、产品质量、成本意识、员工素养、配合度、工作态度等），由企业导师每周对学生在岗实践进行绩效考核并上报给学校。

（2）企业与学校共同定期举行岗位评优，设立各类奖项及评选标准（最佳学员奖、最佳出勤奖、最佳进步奖、最佳敬业奖等），监测学生的成长和发展，提升人才培养质量。

十四、其他

本校应用电子技术专业教学标准开发团队自 2014 年开始与企业合作开展现代学徒制人才培养，经过实践运行，校企共同研制修订了 2014 版、2015 版及 2016 版现代学徒制人才培养方案，该应用电子技术现代学徒制专业教学标准总结了多年实践经验，在全省范围内经过调研、分析、归纳、总结提炼而成。

下　篇
高职现代学徒制
应用电子技术专业课程标准

专业技术技能课程：电子电路调试与应用课程标准

一、课程名称

电子电路调试与应用。

二、适用专业及面向岗位

适用于应用电子技术、电子信息工程技术、通信技术等专业。面向产品开发、生产管理、过程开发、调测校验及运营管控等学徒岗位工作。

三、课程性质

根据调研分析、归纳整理出电子企业10个典型职业岗位和相应的工作任务，其中，90%的岗位和工作任务都需要用到“电子电路调试与应用”课程的相关知识和能力，“电子电路调试与应用”课程涉及的电子技术理论知识、电子产品硬件制作和调试能力，对学习电子技术的方法引导等起到奠基作用，同时它也是应用电子技术专业群中其他相关专业的平台课程，占据着重要地位，对电子类专业通用的基本知识和操作能力起主要支撑作用。因此，“电子电路调试与应用”是应用电子技术专业现代学徒制学生必修的专业基础课程。通过学习该门课程，培养学生具备一定的电子电路分析、设计和制作等技能型人才所必需的专业理论知识及基本职业能力，通过行动导向的项目教学法，提高学生学习兴趣及动手能力，培养学生创新思维，为后续课程学习奠定基础。

四、课程设计

根据课程内容，选取典型产品项目为载体，将课程划分为“模电”及“数电”两大教学模块（见表2-1所示）。

设计的整体思路：课程教学应服务于现代学徒制高职教育的培养目标和定位，坚持以职业岗位技能培养为主线，以行业导向、工学结合为主要手段，以职业能力培养为核心，培养学生综合运用电子技术知识的能力和职业素质。按照高职院校人才培养的特点，充分利用校企联合育人的资源优势，将学徒岗位能力标准与课程标准相融合，进行电子电路调试与应用课程教学情境设计，以突出职业岗位能力的培养。

表 2-1　电子电路调试与应用课程教学内容模块设计表

模块名称		理论学时	实践学时
数电模块	逻辑门电路模块	9	6
	组合逻辑电路模块	12	9
	时序逻辑电路模块	12	9
	模/数和数/模转换模块	9	6
	脉冲信号的产生与整形模块	9	6
	存储器和可编程逻辑器件的简介	9	6
模电模块	半导体器件模块	6	3
	放大电路基本原理与频率响应	9	6
	集成运算放大电路模块	9	6
	模拟信号运算电路模块	9	6
	功率放大电路与信号处理电路	9	6
	直流电源模块	6	3
合　计		108	72

五、课程教学目标

根据电子行业企业技术发展需要和完成学徒岗位实际工作任务的需要，有目标地对学生进行“教学做一体化”训练。使学生能够学会正确使用电子仪器测量常用的电子元器件的性能参数，掌握万用表、示波器、信号发生器、直流电源的使用方法。掌握组合逻辑电路、时序逻辑电路的分析与测试方法。熟悉模拟电路的基本元器件、掌握基本单元放大电路与集成电路的组成及分析方法，能够根据具体模块电路项目要求，应用电子电路知识进行设计、安装、调试以实现项目电路功能；能运用电子电路 EDA 技术进行电路设计与仿真，根据电路原理图进行实际电子电路的装接，分析测试电路的性能参数，查找并解决故障问题。

1. **知识目标**

（1）掌握二进制、十六进制计数方法和常用 BCD 码。

（2）掌握逻辑函数及其化简。

（3）掌握 TTL 门电路、CMOS 门电路的特点和常用参数。

（4）理解常用组合逻辑电路的原理，掌握其功能。

（5）理解 JK 触发器和 D 触发器的工作原理，掌握其逻辑功能。

（6）理解常用时序逻辑电路的原理，掌握其功能。

（7）理解 555 集成定时器的工作原理，掌握其逻辑功能。

(8) 掌握集成数/模、模/数转换器的功能。
(9) 掌握组合逻辑电路、时序逻辑的分析与测试方法。
(10) 掌握半导体二极管及其在整流电路中的应用。
(11) 掌握半导体三极管及基本放大电路分析方法。
(12) 掌握多级放大电路及集成运算放大器分析方法。
(13) 掌握功率放大电路及集成功率放大器分析方法。
(14) 掌握正弦波振荡电路分析方法。
(15) 掌握万用表、示波器、信号发生器、直流电源的功能与使用方法。
(16) 掌握运用 Multisim2001 软件进行电路设计与仿真分析的方法。

2. **能力目标**

(1) 能够阐述功能模块电路设计的基本思路和依据。
(2) 能够列举电子电路设计的基本方法。
(3) 具备电子电路功能模块制作、调试的能力。
(4) 能够使用各种类型的集成门电路制作具备一定功能的组合逻辑电路的能力。
(5) 能够正确使用常用的中规模组合逻辑电路。
(6) 会使用触发器、寄存器、移位寄存器和常用的中规模集成计数器。
(7) 能识别并检测常见半导体电子元器件。
(8) 能识别并正确使用常见集成电路。
(9) 能识读与分析模拟电路并独立安装、焊接模拟电路。
(10) 能设计电路测试方案并对测试数据进行分析。
(11) 能正确使用常用仪表，正确选择、检测元器件，能够独立设计电路并排除电路故障。
(12) 能够检索与阅读各种电子手册及资料。
(13) 能借助仪器仪表，对小型数字系统的故障进行检测和维修。

3. **素质目标**

(1) 思维清晰缜密，具备良好的交流沟通能力。
(2) 能够团队协作、合理分工，有责任心。
(3) 具有良好的安全意识和成本节约意识，能遵守岗位安全规范。
(4) 具有良好的进取精神，主动学习新技术。

六、参考学时与学分

（一）二年制

参考学时：理论 108 学时，实践 36 学时，共 144 学时。
参考学分：8 学分。

（二）三年制

参考学时：理论 144 学时，实践 36 学时，共 180 学时。
参考学分：10 学分。

七、课程结构

电子电路调试与应用课程结构见表 2－2。

表 2－2　电子电路调试与应用课程结构

序号	学习任务（单元、模块）	对接典型工作任务及职业能力要求	知识、技能、态度要求	教学活动设计	学时
1	逻辑笔的制作与调试	03－01－04 03－02－01 03－05－08 20－01－04 21－02－07 21－02－11	（1）掌握常用的计数进制及其相互转换 （2）掌握常用的 BCD 码 （3）掌握与、或、非等常用的逻辑函数 （4）掌握逻辑函数及其表示法 （5）掌握逻辑代数的公式和运算法则 （6）掌握逻辑函数的公式化简法 （7）掌握逻辑函数的卡诺图化简法 （8）掌握二极管、三极管的开关特性 （9）掌握 TTL 门电路的特点和常用参数，理解 TTL 反相器的原理 （10）掌握 COMS 门电路的特点和常用参数 （11）掌握常用逻辑门电路	**教学活动：** （1）使用数字逻辑实验箱和万用表测量 TTL、COMS 数字集成电路的功能和常用参数 （2）使用数字逻辑实验箱和万用表检测小规模数字集成电路的性能 **教学内容：** （1）常用的计数进制及其相互转换 （2）与、或、非等常用的逻辑函数及其表示法 （3）逻辑代数的公式和运算法则及公式与卡诺图化简 （4）二极管、三极管的开关特性及 TTL 门、COMS 门电路的特点和常用参数	12
2	数码显示器的设计、制作与调试	03－01－01 03－01－04 03－01－08 03－02－01 03－02－09 03－06－01 10－02－03 20－01－04 21－01－08 21－02－07	（1）掌握组合逻辑电路的分析和设计方法 （2）熟练掌握常见组合逻辑电路芯片的逻辑功能和使用方法 （3）理解数据选择器的工作原理，熟悉典型器件的功能和应用 （4）理解编码器的原理，掌握典型优先编码器的功能	**教学活动：** （1）根据实际的逻辑问题设计出能实现其逻辑功能的最简单的逻辑电路 （2）使用数据选择器、编码器、译码器实现组合逻辑函数 （3）正确使用显示译码器和显示器	24

续上表

序号	学习任务（单元、模块）	对接典型工作任务及职业能力要求	知识、技能、态度要求	教学活动设计	学时
2	数码显示器的设计、制作与调试		（5）掌握二进制译码器的工作原理，熟悉典型二进制译码器的功能 （6）理解显示译码器的工作原理，掌握其功能 （7）掌握 LED 数码管显示器的原理及功能	**教学内容：** （1）组合逻辑电路的分析和设计方法 （2）常见组合逻辑电路芯片的逻辑功能和使用方法	24
3	广告灯控制电路的制作与调试	03－01－01 03－01－04 03－01－08 03－02－01 03－02－09 03－06－01 10－02－03 20－01－04 21－01－08 21－02－07	（1）掌握 RS 触发器的工作原理和逻辑功能 （2）掌握 JK 触发器的工作原理和逻辑功能 （3）掌握 D 触发器的工作原理和逻辑功能 （4）掌握集成触发器的置 0 端和置 1 端的功能 （5）熟悉常用集成触发器的型号	**教学活动：** （1）在数字逻辑实验箱上用 JK 触发器制作小数字系统 （2）在数字逻辑实验箱上用 D 触发器制作小数字系统 **教学内容：** （1）RS 触发器的工作原理和逻辑功能 （2）JK 触发器的工作原理和逻辑功能 （3）D 触发器的工作原理和逻辑功能 （4）集成触发器的置 0 端和置 1 端的功能	18
4	报警器的制作与调试	03－01－04 03－02－01 03－02－09 03－06－01 10－02－03 20－01－04 21－01－08 21－02－07	（1）熟悉常用脉冲波形，理解矩形波的主要参数定义 （2）掌握集成施密特电路的功能 （3）掌握集成单稳态电路的功能 （4）掌握 555 集成定时器的工作原理和逻辑功能 （5）熟练掌握 555 集成定时器的使用	**教学活动：** 用 555 定时器构成单稳态触发器、施密特触发器和多谐振荡器 **教学内容：** （1）常用脉冲波形及其主要参数定义 （2）集成施密特电路和集成单稳态电路的功能 （3）555 集成定时器的工作原理和逻辑功能	18

续上表

序号	学习任务（单元、模块）	对接典型工作任务及职业能力要求	知识、技能、态度要求	教学活动设计	学时
5	频率计的制作与调试	03－01－01 03－01－04 03－02－01 03－06－03 07－01－03 11－03－02 20－01－04 21－02－07 21－02－11	（1）掌握数码寄存器的工作原理及功能 （2）掌握移位寄存器的工作原理及功能 （3）掌握二进制计数器的工作原理及功能 （4）掌握十进制计数器的工作原理及功能 （5）掌握同步、异步计数器的特点 （6）掌握N进制计数器的工作原理及功能 （7）掌握中规模集成同步计数器74LS161的功能及使用方法 （8）熟练掌握中规模集成可逆计数器74LS192的功能及使用方法 （9）掌握简单中规模时序逻辑电路的分析 （10）熟悉常用中规模计数器的型号 （11）理解集成计数器的功能表 （12）理解随机存取存储器的工作原理，掌握其功能	**教学活动：** （1）查数字集成电路手册，看懂所查数字集成电路的功能 （2）正确使用二进制计数器和十进制计数器 （3）用十进制计数器构成任意进制计数器 **教学内容：** （1）数码寄存器和移位寄存器的工作原理及功能 （2）二进制计数器和十进制计数器的工作原理及功能 （3）同步、异步计数器的特点 （4）随机存取存储器的工作原理及功能	18
6	电源模块分析	03－01－04 03－02－01 03－05－08 07－01－01 07－01－02 07－01－03 20－01－04 21－02－04	（1）掌握电子元器件的特性和参数 （2）分析识读电路原理的能力 （3）使用设备（万用表，电参数测量仪，示波器）进行电路测量的能力	**教学活动：** （1）列出关键元器件，说明其在电路中的功能及参数意义 （2）划分电路模块，分模块叙述功能 **教学活动：** （1）电子元器件的特性及参数 （2）使用设备（万用表，电参数测量仪，示波器）进行电路测量	12

续上表

序号	学习任务（单元、模块）	对接典型工作任务及职业能力要求	知识、技能、态度要求	教学活动设计	学时
7	单管放大电路的设计与制作	03-01-01 03-01-04 03-02-01 03-02-09 03-06-03 10-02-03 20-01-04 21-01-08 21-02-07	（1）掌握放大电路的构成框图和参数指标 （2）掌握晶体管的结构、型号、分类、特性和参数，查阅资料掌握其识别与选取方法 （3）掌握固定偏置电路的组成，静态与动态分析方法 （4）掌握分压式电路的静态与动态分析方法 （5）了解放大电路幅频性、通频带、截止频率等概念 （6）掌握放大电路的组装方法和色环电阻的识别方法 （7）信号源、直流稳压电源的使用方法，放大电路的指标测试 （8）掌握场效应晶体管特性、识别与选取	**教学活动：** （1）根据要求设计单管放大电路并制作实物 （2）利用仪表观察输入、输出信号波形并测试 **教学内容：** （1）放大电路的构成框图和参数指标 （2）晶体管的结构、型号、分类、特性和参数 （3）固定偏置电路和分压式电路的组成，静态与动态分析方法 （4）场效应晶体管特性、识别与选取	18
8	集成放大电路的制作与调试	03-01-01 03-01-04 03-02-01 03-02-09 03-06-03 10-02-03 11-03-02 20-01-04 21-01-08 21-02-07 21-02-11	（1）了解集成放大电路的构成与指标要求 （2）掌握多级放大电路的构成与分析方法 （3）了解差分电路的作用与特点，掌握共模与差模信号的特点 （4）了解负反馈电路的分析与特点，掌握其对电路的影响 （5）查阅资料了解常用运放的应用范围，掌握各种运算电路的组成与分析 （6）掌握集成放大电路的安装方法，集成电路的识别方法 （7）掌握集成放大电路的参数指标测试	**教学活动：** （1）根据要求制作集成放大电路 （2）调测电路参数 **教学内容：** （1）集成放大电路的构成与指标要求 （2）多级放大电路的构成与分析方法 （3）差分电路的作用与特点，共模与差模信号的特点 （4）负反馈电路的分析与特点 （5）集成放大电路的安装方法与识别方法 （6）集成放大电路的参数指标测试	24

续上表

序号	学习任务（单元、模块）	对接典型工作任务及职业能力要求	知识、技能、态度要求	教学活动设计	学时
9	功率放大电路的制作与调试	03－01－01 03－01－04 03－02－01 03－02－09 03－06－03 10－02－03 11－03－02 20－01－04 21－01－08 21－02－07 21－02－11	（1）掌握功放电路的构成、指标要求和分类 （2）掌握 OCL 功放电路的组成与分析，了解其优缺点 （3）了解 BTL 集成功放电路的组成与分析，了解其优缺点 （4）掌握语音芯片、扬声器的使用 （5）掌握扩音器的指标测试方法	**教学活动：** （1）根据给定的电路制作扩音器输出电路 （2）调试测量技术指标 **教学内容：** （1）功放电路的构成、指标要求和分类 （2）OCL 功放电路的组成与分析，了解其优缺点 （3）BTL 集成功放电路的组成与分析，了解其优缺点 （4）语音芯片、扬声器、扩音器的使用与指标测试方法	24
10	低频信号源的制作与调试	03－01－04 03－02－01 03－02－09 03－06－03 07－01－03 11－03－02 20－01－04 21－02－07 21－02－11	（1）掌握振荡电路的构成、特点、指标和分类 （2）掌握 RC 振荡电路的组成、谐振放大器的分析、起振条件 （3）掌握振荡电路的调试方法及指标测试方法	**教学活动：** 制作调试正弦波信号发生器电路 **教学内容：** （1）振荡电路的构成、特点、指标和分类 （2）RC 振荡电路的组成、谐振放大器的分析、起振条件	12
合　计					180

注：“对接典型工作任务及职业能力要求”栏目下的编码与本书附录“1. 现代学徒制应用电子技术专业职业能力分析表”中的编码一致。

八、资源开发与利用

（一）教材编写与使用

应尽量选用高职高专理实一体化教材，这些教材能够充分体现高职教育的特点，适合高职学生使用。建议教师尽可能与企业技术骨干共同选取典型产品编写项目化教材，将理论知识由浅入深地融入各个项目中。

（二）数字化资源开发与利用

（1）依托合作企业真实生产设备及典型产品，开发数字化教学资源，将真实岗位工作情境制成微课、微视频等资源供学生学习，激发学生的学习兴趣，有效促进学生对知识的理解和掌握。同时加强跨学校的同行合作，建立多媒体课程资源库，实现同行教学资源共享，以提高课程资源利用效率。

（2）积极开发和利用网络课程资源，充分利用电子书籍、电子期刊、数据库、数字图书馆、教育网站和电子论坛等网上信息资源，使教学从单一媒体向多种媒体转变，教学活动从信息的单向传递向双向交换转变，学生单独学习向合作学习转变。同时应积极创造条件搭建远程教学平台，扩大课程资源的交互空间。

（3）建立本专业开放式实训中心，使之具备现场教学、实训和职业技能证书考证的功能，实现教学与实训合一、教学与培训合一、教学与考证合一，满足对学生职业能力培养的要求。

九、教学建议

（一）教学方法

（1）教学中应立足于对学生实际动手能力的培养，采用项目教学方式，激发学生的学习兴趣。

（2）提倡“做中学，学中做”，鼓励学生大胆创新，提高学生的职业技能。

（3）在教学过程中，根据工作岗位技能需求，创设工作项目，使学生在项目实践过程中，掌握电子产品设计、调试、检验等岗位的工作内容，提高学生的岗位适应能力。

（4）在教学过程中，要重视本专业领域新技术、新工艺、新材料的发展趋势，贴近企业、贴近生产。为学生提供职业生涯发展的空间，努力培养学生参与社会实践的创新精神和职业能力。

（5）教学过程中教师应积极引导学生提升职业素养，提高职业道德。

（二）教学条件

（1）根据课程内容要求，一体化教学实训室应该配置足够满足教学需要的电脑（并安装 Multisim2001、MaxPlus Ⅱ 等仿真软件），配备学生进行电子电路制作、安装与调试的实训场地、耗材及相关测试设备，并提供相关工作岗位项目资源供学生实践。

（2）任课教师应该具备丰富的理论知识与实践经验，从事电子相关专业、行业教学或工作满三年以上，具有双师资格。

十、教学评价

1. **考核方式**

本课程阶段考核占40%，期末考试占60%。最终考试的成绩由阶段考核成绩和期末考试成绩综合而成。阶段考核以各个学习情境的设计、制作环节的评价为主，考核学生的知识和技能掌握情况；期末考试采用笔试形式，考核学生知识的掌握情况。

2. **成绩评定**

本课程考核成绩采用百分制。阶段考核每个任务的成绩包含理论知识综合运用得分、任务完成情况得分、实践过程中教师评价得分、组内互评得分、组长评价得分和学生自评得分。

撰稿人：广东科学技术职业学院　郑婉君
珠海城市职业技术学院　党艳军
珠海伊万电子科技有限公司　张义辉

专业技术技能课程：电子电路绘图与制版课程标准

一、课程名称

电子电路绘图与制版。

二、适用专业及面向岗位

适用于应用电子技术、电子信息工程技术、通信技术等专业。面向电子产品设计、检测及维修等岗位。

三、课程性质

本课程是应用电子技术专业技术技能课程，重点培养学生掌握从事电子产品设计、检测与维修等工作所必需的知识和能力，是从事电子、自动化、通信等领域的工程技术人员必修的课程。

四、课程设计

通过对应用电子技术专业工作岗位分析，电子产品研发助理是应用电子技术专业学生毕业后从事的重要岗位之一，也是学生在专业技术领域得以继续发展的重要途径。本课程主要培养学生对电子产品的绘制、制作、分析调试和改进能力，为培养电子产品研发助理或类似岗位服务，因此，本课程在应用电子技术专业中处于非常重要的地位，是专业技能基础课程和必修课程。

研发助理的工作涉及电子元件识别与应用、典型电路分析、专业软件的使用（原理图绘制、印刷板设计）、专业工具和仪器的使用等，是综合性较强的工作，通过对电子产品研发助理岗位进一步调研，并经过行业专家深入、细致、系统地分析，根据学生在实际岗位中需要完成的任务，将本课程教学内容进行细化，按照基于工作过程的原则，将电子电路原理图绘制、印刷线路板绘制、电磁兼容性分析、行业标准等内容以项目任务的形式进行重组。

情境学习理论认为，在真实的职业活动情境中学生才能更好地获得职业能力，并获得理论认知水平的发展。因此，本课程打破了传统以软件命令、工具使用方法为线索的教学方式，整合工作任务中涉及的专业知识与技能，以真实电子产品为项目载体来开展教学与训练，真正实现了教学做一体化；同时通过让学生亲自绘制印刷线路板，并完成电子产品的组装、调试，使学生体验实际产品开发的过程，并进一步了解企业实际岗位的技能要求。课程内容突出对学生职业能力的训练与职业素质的培养。知识的选取紧紧围绕工作任务完成的需要来进行，融入职业资格证书对知识、技能的要求，教学内容涵盖了劳动和社会保障部计算机辅助设计绘图员（电子中、高级）职业资格证书的知识点和技能点。

本课程注重实际应用能力的培养，以岗位职业能力为依据，同时结合学生的认知特点和教学规律，项目任务安排采用从简单到复杂、循序渐进的原则，通过5个项目任务，从简单的电源电路绘制到复杂的单片机电路绘制，从手工单面板绘制到多层板绘制，通过具有一定梯度、层次的项目任务，将电子电路绘图与制版所需的知识、技能充分融入各个项目任务中，前一个项目是后一个项目学习的基础，每一个项目任务都在前一个项目任务的基础上增加了新的知识点和技能点，力求达到温故知新的效果。通过对典型工程项目电路的绘制与分析，使学生掌握设计符合产品功能与工艺要求、符合行业设计标准的单面线路板、双面线路板及多层电路板的能力。力求在完成项目任务的过程中让学生学会分析典型电路原理图，实现能力的提升。

五、课程教学目标

通过本课程的学习，使本专业的学生具备从事电子电路原理图绘制，印刷电路板设计，典型电子电路分析，电子产品改进、制作、设计等所必需的专业知识、专业技能及相关的职业能力，培养学生实际岗位的工作能力，提高学生的职业素养。

1. **知识目标**

（1）了解目前行业常用的电子绘图软件，并能够说出Protel软件所包含的功能模块。

（2）熟练掌握绘制电子电路原理图及印刷电路板的设计流程。

（3）能够列举手工布局的规则及注意事项。

（4）掌握手工布线、自动布线的规则及注意事项。

（5）能够熟练使用Protel软件里常用的快捷键。

（6）掌握与课程相关的设计标准及常用专业英语词汇。

（7）能够说明典型电子电路电磁兼容性设计原则。

（8）能够说明多层电路板设计原则及内电层分割原则。

（9）掌握手工制作单层印刷线路板知识。

2. **能力目标**

（1）具备应用Protel软件绘制各类电子元件的原理图符号和各类电路图的能力。

（2）具备通过查询各类元件技术资料，应用Protel软件绘制各类电子元件封装的能力。

（3）具备将复杂电路按功能模块进行划分，拆分为层次原理图的能力。

（4）具备根据电路板设计相关标准，应用Protel软件绘制出符合设计规则及工艺要求的印刷电路板的能力。

（5）具备绘制简单多层板并能够进行内电层分割的能力。

（6）具备手工制作单面印刷电路板，并正确使用各种仪器仪表完成电子产品的组装和调试的能力。

（7）具备协助电子产品研发工程师完成电子产品设计相关任务的能力。

3. **素质目标**

（1）培养良好的纪律观念。

（2）培养正确的仪器设备使用习惯。

（3）培养认真做事、细心做事的态度。

(4) 培养团队协作意识。
(5) 培养能够清晰地表述、回答问题等语言表达能力。

六、参考学时与学分

(一) 二年制

参考学时：理论36学时，实践18学时，共54学时。
参考学分：3学分。

(二) 三年制

参考学时：理论54学时，实践18学时，共72学时。
参考学分：4学分。

七、课程结构

电子电路绘图与制版课程结构见表2-3。

表2-3　电子电路绘图与制版课程结构

序号	学习任务（单元、模块）	对接典型工作任务及职业能力要求	知识、技能、态度要求	教学活动设计	学时
1	熟悉软件应用并绘制简单电路原理图及PCB图	02-02-04	(1) 能够设置Protel DXP 2004的英/汉转换 (2) 能够新建PCB工程文件、原理图文件和PCB文件 (3) 能够简单设置原理图编辑器的环境 (4) 能够在原理图编辑器中加载元件库 (5) 能够在元件库中查找和放置元件并编辑元件属性 (6) 能够使用连线工具放置导线 (7) 熟悉两个基本元件库中的元件 (8) 能够初步设置PCB编辑器的环境 (9) 简单了解层的概念 (10) 能够在PCB编辑器中规划电路板	**教学活动：** (1) 稳压电源电路原理图设计 (2) 稳压电源电路PCB图设计，PCB单面板手工布线及放置定位孔 **教学内容：** (1) 新建PCB工程文件、原理图文件和PCB文件 (2) 设置原理图编辑器的环境 (3) 在原理图编辑器中加载元件库 (4) 在元件库中查找元件和放置元件并编辑元件属性 (5) 使用连线工具放置导线 (6) 两个基本元件库中的常用元件 (7) 能够初步设置PCB编辑器的环境，在PCB编辑器中规划电路板	6

（续上表）

序号	学习任务（单元、模块）	对接典型工作任务及职业能力要求	知识、技能、态度要求	教学活动设计	学时
2	学习元件制作并应用新元件绘制电路原理图及 PCB 图	03－01－01 03－01－02 03－01－10 03－01－13 03－01－14	（1）能够在 PCB 工程文件中追加原理图库文件 （2）能够在原理图库编辑器中绘制简单的元器件 （3）能够给新建的元器件添加属性 （4）能够熟练设置原理图编辑器的环境 （5）学会设置显示特殊字符串功能并会放置特殊字符串 （6）学会制作原理图文件模板并调用 （7）能够熟练使用原理图编辑器中的常用绘图工具绘制原理图 （8）能够进行原理图的编译 （9）能够进行简单电路的手工布局 （10）能够初步设置 PCB 设计规则 （11）掌握用画线工具布置导线，即布线 （12）掌握 PCB 设计规则，检查电路板及浏览 3D 效果图 （13）掌握常用的快捷键 （14）能够给元器件选择合适的封装 （15）能够较熟练地设置 PCB 编辑器的系统参数 （16）能够熟练地进行手工布局	**教学活动：** （1）新建原理图元件库并创建元件 （2）原理图模板制作及 TDA2822 耳放电路原理图设计 （3）TDA2822 耳放电路 PCB 图设计，PCB 单面板布线、地线覆铜 **教学内容：** （1）在 PCB 工程文件中追加原理图库文件 （2）在原理图库编辑器中绘制简单的元器件 （3）给新建的元器件添加属性 （4）设置原理图编辑器的环境 （5）设置显示特殊字符串功能并会放置特殊字符串 （6）制作并调用原理图文件模板 （7）使用原理图编辑器中的常用绘图工具绘制原理图 （8）原理图的编译 （9）简单电路的手工布局 （10）设置 PCB 设计规则 （11）用画线工具布置导线，即布线 （12）使用 PCB 设计规则检查电路板并浏览 3D 效果图	40

（续上表）

序号	学习任务（单元、模块）	对接典型工作任务及职业能力要求	知识、技能、态度要求	教学活动设计	学时
2	学习元件制作并应用新元件绘制电路原理图及 PCB 图		（17）会对单独的网络进行规制设置 （18）掌握层次电路图的基本概念 （19）掌握层次电路图设计的基本方法及步骤 （20）了解层次电路图中电路方块图及其与子电路图的对应关系 （21）了解层次电路图中电路方块图进出点及其与子电路图中输入/输出端口的对应关系 （22）能够熟练掌握自顶向下层次电路图的设计方法 （23）了解切换设计层次的方法 （24）掌握层次电路图整体设计规则检查及网络表生成方法 （25）了解原理图的打印方法及步骤	（13）给元器件选择合适的封装 （14）对单独的网络进行规制设置 （15）层次电路图的基本概念 （16）层次电路图设计的基本方法及步骤 （17）层次电路图中电路方块图及其与子电路图的对应关系 （18）层次电路图中电路方块图进出点及其与子电路图中 I/O 端口的对应关系 （19）自顶向下层次电路图的设计方法 （20）切换设计层次的方法；层次电路图整体设计规则检查及网络表生成方法	40
3	学习绘图技巧，熟练绘制电路原理图及 PCB 图	03－04－03	（1）能够在原理图库编辑器中绘制多部件元器件 （2）能够给新建的元器件添加属性 （3）能够熟练设置原理图编辑器的环境 （4）能够熟练使用排列命令对多个元件进行布局 （5）能够熟练使用原理图编辑器中的常用绘图工具绘制原理图	**教学活动：** （1）新建原理图元件库文件 （2）计数器电路原理图设计，线路连接及放置网络标号 （3）PCB 封装库设计，利用向导绘制 PCB 封装元件 （4）计数器电路 PCB 图设计，进行双面板布线、焊盘补泪滴	10

（续上表）

序号	学习任务（单元、模块）	对接典型工作任务及职业能力要求	知识、技能、态度要求	教学活动设计	学时
3	学习绘图技巧，熟练绘制电路原理图及 PCB 图		（6）能够熟练使用向导制作元器件封装 （7）能够重新设定 PCB 板形状 （8）能够查看元件的 BOM 清单 （9）能够对双面板进行手动预布线和自动布线 （10）能够对 PCB 电路上的焊盘进行补泪滴操作	**教学内容：** （1）在原理图库编辑器中绘制多部件元器件 （2）给新建的元器件添加属性 （3）使用排列命令对多个元件进行布局 （4）使用原理图编辑器中的常用绘图工具绘制原理图 （5）使用向导制作元器件封装 （6）重新设定 PCB 板形状 （7）查看元件的 BOM 清单 （8）对双面板进行手动预布线和自动布线 （9）对 PCB 电路上的焊盘进行补泪滴操作	10
4	学习层次原理图绘制方法及绘图技巧	07－01－04 07－01－05	（1）进一步掌握手工绘制 PCB 封装的方法与技巧 （2）能够采用向导绘制 PCB 封装 （3）掌握在 PCB 板上对层次电路图各模块进行元器件布局的方法 （4）掌握双层板布线及设计规则检查的方法。能够根据子图生成层次原理图主图文件 （5）熟练掌握自底往上的层次原理图的设计方法	**教学活动：** （1）超声波测距系统电路原理图设计，绘制层次原理图 （2）PCB 封装库设计，手工绘制 PCB 封装元件 （3）超声波测距系统电路 PCB 图设计，进行 PCB 双面板布线、局部放置填充图形 **教学内容：** （1）手工绘制 PCB 封装的方法与高级技巧 （2）采用向导绘制 PCB 封装 （3）在 PCB 板上对层次电路图各模块进行元器件布局	8

（续上表）

序号	学习任务（单元、模块）	对接典型工作任务及职业能力要求	知识、技能、态度要求	教学活动设计	学时
4	学习层次原理图绘制方法及绘图技巧		（6）了解层次电路图中各模块端口和网络标号的对应关系 （7）掌握层次电路图整体设计规则检查及网络表的生成方法 （8）掌握层次电路图中主电路图和子电路图之间的对应关系	（4）双层板布线及设计规则检查的方法，根据子图生成层次原理图主图文件 （5）自底往上的层次原理图的设计方法 （6）层次电路图中各模块端口和网络标号的对应关系 （7）层次电路图整体设计规则检查及网络表的生成方法 （8）层次电路图中主电路图和子电路图之间的对应关系	8
5	学习绘制多层电路板	21－02－06	（1）了解插针式封装和表面贴片式封装的区别 （2）掌握多层板层设置的方法 （3）掌握内电层分割的方法 （4）能够合理地将焊盘连接到相应的内电层 （5）能够对多层电路板进行合理的元器件布局及布线 （6）能够了解 PCB 板信息报表的基本内容	**教学活动：** （1）SP100 微型编程器电路原理图设计 （2）PCB 封装库设计，绘制 PCB 封装元件 （3）SP100 微型编程器电路 PCB 图设计，进行 PCB 多层板布线 **教学内容：** （1）多层板层设置的方法 （2）内电层分割的方法 （3）将焊盘连接到相应的内电层 （4）对多层电路板进行合理的元器件布局及布线 （5）PCB 板信息报表的基本内容	8
合　计					72

注：“对接典型工作任务及职业能力要求”栏目下的编码与本书附录“1. 现代学徒制应用电子技术专业职业能力分析表”中的编码一致。

八、资源开发与利用

（一）教材编写与使用

（1）必须依据本课程标准编写教材。

（2）教材应充分体现任务引领、实践导向的课程设计思想。

（3）教材以完成典型项目为驱动，采用递进和并列相结合的方式组织编写，使学生在各个项目中学会实际操作。

（4）教材应突出实用性，应避免把职业能力简单理解为纯粹的技能操作，同时要具有前瞻性，应将本专业领域的发展趋势及实际操作中应遵循的新知识及时纳入其中。

（5）教材应以学生为本，文字表述要简明扼要，内容展现应图文并茂、突出重点，重在提高学生学习的主动性和积极性。

（6）教材中的活动设计要具有可操作性。

（二）数字化资源开发与利用

（1）利用现代信息技术开发教学录像、视听光盘等多媒体课件，通过搭建多维、动态、活跃、自主的课程训练平台，使学生的主动性、积极性和创造性得以充分调动。

（2）搭建产学合作平台，充分利用本行业的企业资源，满足学生参观、实训和毕业实习的需要，并在合作中关注学生职业能力的发展和教学内容的调整。

（3）积极利用本课程精品课程网站、电子书籍、电子期刊、数字图书馆、各大网站等网络资源，使教学内容从单一化向多元化转变。

（三）企业岗位培养资源的开发与利用

教学注重企业实训，利用校内外教学企业实训条件，将教学与实训合一，不仅在规定的实训课时间内对学生开放，在业余时间和节假日时间也对学生开放，满足学生综合职业能力培养的要求。

九、教学建议

（一）教学方法

（1）本课程教学应在计算机多媒体机房及电子产品制作实训室进行，主要采取教学做一体化方式。在教学项目中，选择一个产品案例，让学生进行绘制并制作电路板，进行电路板制作项目训练时要进行分组，每组人数不宜超过 30 人，在电子产品制作实训室进行。

（2）应加强对学生实际职业能力的培养，强化案例教学或项目教学，注重以任务引领型案例，或通过项目诱发学生兴趣，使学生在项目活动中掌握相关的知识和技能。

（3）应以学生为本，注重“教”与“学”的互动。通过引导学生参加技能竞赛及选取典型项目产品，由教师提出要求或示范，组织学生进行活动，让学生在活动中提高设计能力及操作能力。

（4）应注重职业情境的创设，提高学生岗位适应能力。

（5）教师必须重视实践，更新观念，走产学研相结合的道路，探索中国特色职业教育的新模式，为学生提供自主发展的时间和空间，积极引导学生提升职业素养，努力提高学生的创新能力。

（二）教学条件

1. 师资条件

师资力量上需要一支具有丰富电子电路设计制作及调试过程管理经验的专、兼职教师队伍，其中主讲教师须精通 PCB 设计制作技术流程的各个环节，兼职教师应为相关企业的资深设计人员。

2. 设备条件

（1）专业机房：满足要求的高配置电脑，机位数量要满足 60 人上课的需要，多媒体设备齐全。

（2）电子产品生产实训：车间布局以完成电子产品生产及样品检验流程为主要功能进行设备组合，以印刷电路板的制作及电子元器件焊接工艺为主进行生产实训。

十、教学评价

（1）本课程实行过程与目标结合评价，结合课堂提问、现场操作、课后作业、模块考核等手段，加强实践性教学环节的考核，注重平时采分，平时考核占 40%；期末综合目标考核采取机考，主要考核学生运用软件完成一个完整项目绘制的情况，综合目标考核占 60%。

（2）强调理论与实践一体化评价，注重引导学生进行学习方式的改变。强调课程结束后综合评价，结合真实产品，充分发挥学生的主动性和创造力，注重考核学生所拥有的综合职业能力及水平。

（3）本课程按百分制考评，60 分为合格，过程考核包含课堂提问得分，课堂实操结果得分，模块考核得分，学生互评得分；期末综合目标考核内容由四个模块组成，主要包括原理图元件绘制、原理图绘制、PCB 元件封装绘制和 PCB 板绘制，评分兼顾整体设计的合理与美观。

撰稿人：广东科学技术职业学院　尹海昌、王志辉
珠海笙格科技有限公司　谭　昊

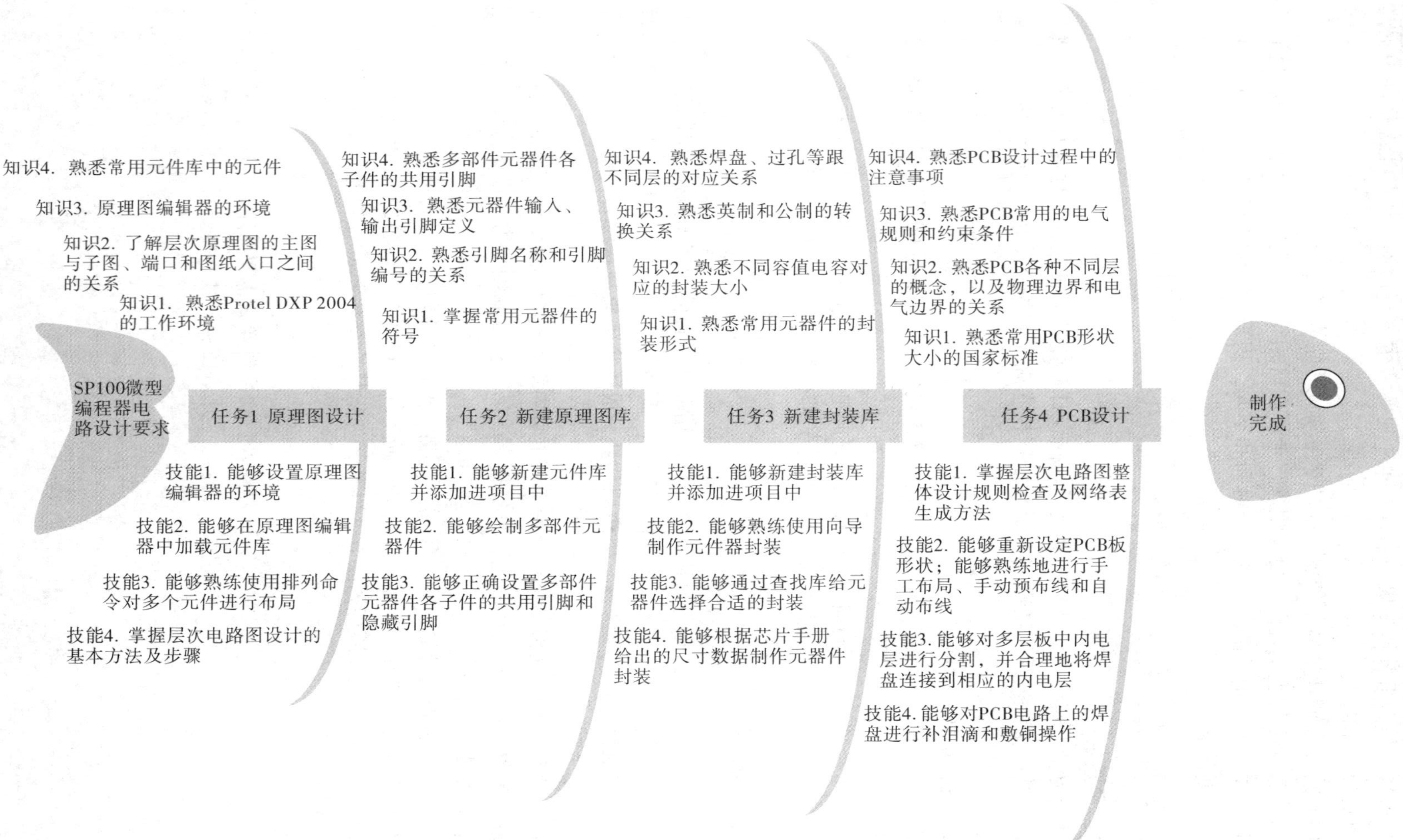

附图　电子电路绘图与制版课程之项目——SP100微型编程器电路设计

专业技术技能课程：电路与电工技术课程标准

一、课程名称

电路与电工技术。

二、适用专业及面向岗位

既适用于应用电子技术现代学徒制专业，又适用于电子信息工程技术、机电一体化、自动化等专业。面向产品开发和测调校验等岗位。

三、课程性质

本课程是应用电子技术现代学徒制专业的一门专业技术技能课程，属校内课程。旨在让学生掌握电路分析的基本理论、基本方法及工作岗位应知应会的电工技术。通过本课程学习，为后续专业课程深入学习打下基础。建议本课程在第一学期开设，学生应具备一定的数学基础，后续如“电子电路调试与应用”“单片机应用系统设计与调试”“PLC 可编程控制器应用技术”等课程的学习，都需用到本课程所学知识内容。

四、课程设计

根据对电子行业典型工作岗位、工作任务进行调研分析，提炼出各岗位所需要的基本知识和技能，以培养学生的岗位应用能力为核心，选取企业典型产品案例，序化知识结构与内容，构建学习情境。打破传统学科体系教学内容，基于工作过程导向，将电路与电工技术知识，逐步融入每个学习情境中，重新组织和序化教学内容。每一个学习情境由若干个工作任务组成，按照循序渐进的原则，将所学知识融入各子任务模块中进行讲解和训练，层层递进。最后，再通过综合任务训练，使学生充分理解和掌握岗位工作需要的应知应会的电路与电工技术知识。

五、课程教学目标

使学生掌握分析直流电路、交流电路的基本技能，进行电工基本操作、电量测量的技能，安全用电的知识，培养学生的思维能力和科学精神，提高学生整体素质，培养学生严谨的工作作风和安全用电意识。为后续专业课程学习打下基础。

1. 知识目标

（1）理解电路模型及理想电路元件的概念，理解电压、电流及其参考方向的意义。

（2）理解电压源、电流源概念，掌握其等效变换的方法。

（3）掌握基尔霍夫定律，学会电路分析的方法，分析计算电路中各电量。

（4）理解电路的暂态和稳态、激励和响应，以及时间常数的物理意义。掌握一阶电路的零输入响应和全响应。了解一阶 *RC* 电路对矩形波的响应。

（5）理解正弦交流电路的基本概念，了解正弦交流电路基本定律的相量形式，学会分析计算一般的正弦交流电路。

（6）理解交流功率的概念和提高功率因数的意义。

（7）掌握三相交流电路电压、电流和功率的计算方法，了解三相五线制供电系统中线的作用和负载的正确接法。

（8）了解变压器的结构及工作原理，理解三相异步电动机原理、机械特性、经济运行和额定值等。

（9）了解常用低压电器功能和结构，掌握继电—接触器控制的自锁、互锁，以及行程、时间等控制原理，掌握绘制简单的继电—接触控制电路原理图的方法和知识。

（10）掌握常用电工仪表及其使用知识。了解测量误差的意义，理解仪表的准确度等级含义。

2. 能力目标

（1）会使用常用电工仪表，能对相应交直流电量进行测量。

（2）能对电路进行基本分析，会计算相关电量。

（3）懂得安全用电的基本知识，能规范、有序、安全地进行电工操作。

（4）会对常用的照明电路进行安装和维修。

（5）会选择和使用变压器。

（6）会选择和使用三相异步电动机。

（7）会对三相异步电动机的控制电路进行接线安装。

（8）懂得编写实验操作报告。

3. 素质目标

（1）具有辩证思维和逻辑分析的意识和能力、科学务实的工作作风，能够理论联系实际。

（2）具有工程质量意识和工作规范意识，以及严谨、认真的工作态度。

（3）具备吃苦耐劳、团结协作、勇于创新的精神。

六、参考学时与学分

（一）二年制

参考学时：理论 36 学时，实践 18 学时，共 54 学时。

参考学分：3 学分。

（二）三年制

参考学时：理论 54 学时，实践 18 学时，共 72 学时。

参考学分：4 学分。

七、课程结构

电路与电工技术课程结构见表2-4。

表2-4　电路与电工技术课程结构

序号	学习任务（单元、模块）	对接典型工作任务及职业能力要求	知识、技能、态度要求	教学活动设计	学时
1	手电筒电路的分析与测试	01-01-03 03-07-01 10-02-02	（1）能够分析电路组成和电路功能；分析电路中电压、电流基本分配规律；分析电阻电路和电源的等效规律 （2）会用电路模型描述实际电路（画电路图），会连接电路 （3）能够运用基尔霍夫定律分析电路电压、电流分配；会对电阻电路及电源进行变换；会连接电路	**教学活动：** （1）用Multisim仿真软件分析与测试手电筒电路 （2）通过实验引入电路模型、电路的基本物理量等知识点 （3）利用PPT和微课视频讲授基尔霍夫定律 （4）用Multisim仿真软件验证基尔霍夫定律 **教学内容：** （1）Multisim仿真软件的使用 （2）电路模型，电路的基本物理量，电流、电压的参考方向，功率 （3）电阻元件、电感元件、电容元件 （4）电压源、电流源及其等效变换	12
2	指针式万用表的分析与制作	01-01-03 03-07-01 10-02-02 10-02-03	（1）掌握普通电路的分析方法：支路电流法，网孔电流法，节点电压法 （2）掌握特定电路的分析方法：叠加定理，戴维南定理，最大功率传输定理 （3）掌握含受控源电路的分析方法 （4）能用分析方法和定理分析电路 （5）会测量电压、电流、电位和功率	**教学活动：** （1）制作指针式万用表 （2）利用PPT和视频讲授电路的分析方法 （3）用Multisim仿真软件验证基尔霍夫定律 （4）分组分析和讨论指针式万用表电路 **教学内容：** （1）支路电流法，网孔电流法，节点电压法 （2）叠加定理 （3）戴维南定理	12

（续上表）

序号	学习任务（单元、模块）	对接典型工作任务及职业能力要求	知识、技能、态度要求	教学活动设计	学时
3	延时开关的分析与测试	01－01－03 10－02－02 10－02－03 10－02－04	（1）了解电路的暂态与稳态 （2）掌握换路定律及初始值的计算 （3）能分析一阶动态电路响应 （4）理解一阶电路的暂态过程和一阶电路的三要素分析法 （5）会用万用表检测电容、电感器	**教学活动：** （1）制作延时开关 （2）利用 PPT 和视频讲授动态电路的分析方法 （3）分组分析和讨论延时开关电路 （4）用 Multisim 仿真软件验证一阶动态电路 **教学内容：** （1）电路的暂态与稳态 （2）换路定律及初始值的计算 （3）一阶电路的暂态过程和一阶电路的三要素分析法 （4）一阶动态电路响应分析	9
4	日光灯照明电路的安装与测试	01－01－03 10－02－03 10－02－04	（1）了解正弦交流电，相量及相量形式的欧姆定律和基尔霍夫定律 （2）掌握正弦交流电路中的电压、电流及功率：单一参数的交流电路；*RLC* 串联电路；复阻抗的串联与并联；功率因数的提高 （3）掌握 *RC* 电路 *LC* 谐振电路及其频率特性 （4）会分析计算交流电路元件的电量，包括功率与功率因数 （5）会测量交流电压、电流、交流功率和功率因数 （6）会安装照明电路	**教学活动：** （1）日光灯照明电路的安装与测试实验 （2）利用 PPT 和视频讲授正弦交流电路及分析方法 （3）用 Multisim 仿真软件验证分析正弦交流电路 **教学内容：** （1）正弦交流电，相量及相量形式的欧姆定律和基尔霍夫定律 （2）正弦交流电路中的电压、电流及功率；单一参数的交流电路 （3）*RLC* 串联电路 （4）复阻抗的串联与并联；功率因数的提高 （5）*RC* 电路 *LC* 谐振电路及其频率特性	9

（续上表）

序号	学习任务（单元、模块）	对接典型工作任务及职业能力要求	知识、技能、态度要求	教学活动设计	学时
5	三相交流电源应用与测试	01-01-03 10-02-04 11-01-03	（1）掌握三相对称电源及连接 （2）掌握三相负载及连接方式 （3）能计算与测量三相对称电路功率 （4）知道民用和商用供电系统并会在供电系统中连接负载和分析计算负载的电压、电流及功率 （5）会测量三相电压、电流和功率 （6）懂得安全用电和安全措施	**教学活动：** （1）三相交流电源应用与测试实验 （2）利用 PPT 和视频讲授三相电路及安全用电知识 （3）分组分析和讨论三相交流电源应用与测试 **教学内容：** （1）三相对称电源及连接 （2）三相负载及连接方式 （3）三相对称电路功率计算与测量 （4）安全用电	9
6	变压器的应用与测试	01-01-03 10-02-04 11-01-03	（1）掌握磁路与铁磁材料的基础知识 （2）掌握变压器的基本结构和工作原理 （3）掌握实际变压器的外特性与效率，以及特殊变压器 （4）会选择使用变压器 （5）会判断变压器同名端	**教学活动：** （1）变压器的应用与测试实验 （2）利用 PPT 和视频讲授磁路与变压器 （3）用 Multisim 仿真软件验证磁路与变压器 （4）分组分析和讨论变压器的应用与测试 **教学内容：** （1）磁路与铁磁材料的基础知识 （2）变压器的基本结构和工作原理 （3）实际变压器的外特性与效率，以及特殊变压器	9

（续上表）

序号	学习任务（单元、模块）	对接典型工作任务及职业能力要求	知识、技能、态度要求	教学活动设计	学时
7	三相异步电动机Y－△降压启动控制	01－01－03 11－01－03 21－02－10 26－04－02	（1）掌握三相异步电动机的结构和转动原理 （2）掌握三相异步电动机的特性 （3）掌握低压电器功用及其分类 （4）掌握电动机的常用控制电路；单向运行控制；正反转运行控制；行程控制电路；时间继电器控制电路；顺序控制电路 （5）知道控制电路各环节功能；会选择使用三相异步电动机 （6）会检测判别电动机绕组 （7）会连接安装电动机基本控制电路	**教学活动：** （1）三相异步电动机Y－△降压启动控制实验 （2）利用PPT和视频讲授异步电动机结构原理、起动、调速和制动等知识 （3）分析和分享三相异步电动机Y－△降压启动控制实验 **教学内容：** （1）三相异步电动机的结构和转动原理 （2）三相异步电动机的特性 （3）低压电器功用及其分类 （4）电动机的常用控制电路 （5）单向运行控制 （6）正反转运行控制 （7）行程控制电路 （8）时间继电器控制电路 （9）顺序控制电路	12
合计					72

注："对接典型工作任务及职业能力要求"栏目下的编码与本书附录"1. 现代学徒制应用电子技术专业职业能力分析表"中的编码一致。

八、资源开发与利用

（一）教材编写与使用

本课程是专业技术技能课，教材内容要符合学科知识的逻辑顺序，还要尽量结合维修电工职业资格标准的应知应会内容。教材编写可尝试按照项目课程的形式进行，建议对各项目或任务的学习目标及如何达到目标做尽量清楚的叙述，以提高学生学习热情。

还要注重对学生学习方法的指导，在示例中突出解决问题方法的步骤和针对性的提示，指导学生进行科学的学习，掌握解决问题的方法。

教材除知识、方法学习外，还应注意创设职业情境，从职业实际出发，使学生在学习过程中养成职业素养，便于就业时，能够更快适应职业要求。

（二）数字化资源开发与利用

（1）围绕课程知识点和技能点，开发制作微课及微视频。

（2）建设具备“互联网+”特色的课程网络教学资源。

（3）建设课程在线试题库及考评系统。

（4）建设课程在线辅导平台。

（5）开展线上线下教学。

九、教学建议

（一）教学方法

本课程逻辑性较强，需具备一定的电学和电磁学基础等。根据学生的学习能力和知识水平，应采用多种教学手段和方法，因材施教，提高学习效果。

1. **采用启发式教学法**

启发式教学需要引导学生主动思考，实现自主学习。教师尝试根据学习情境和教学对象的特点，采用讨论启发、提问启发、案例启发和实践启发等多种启发式教学引导学生学习。

2. **采用仿真教学法**

应用 Multisim 仿真软件对电子电路中的硬件电路进行仿真，从而使学生更深入地了解电子电路的工作过程及每个元件在电路中的作用。

3. **采用案例教学法**

教师采用案例引导来讲解理论知识，学生通过对案例的研究分析，加深对理论知识的理解；同时在教学实践中通过深入讨论，激发学生的兴趣，增加他们的感性认识，提高学生分析、归纳和总结的能力。

（二）教学条件

（1）多媒体教室，含投影仪及各种电工测量仪表，能够实现工具及电工低压电器的演示功能，电脑装有仿真软件可进行电路运行仿真。

（2）电工实训室，可进行电路实验及电工技能实训，还有进行维修电工考证训练的功能。

十、教学评价

课程考核应以考核学生能力为重点，采取教学内容考核、过程性考核和终结性考核相结合的方式。

过程性考核占考核成绩的60%，其中包括职业素养考核，着重考核学生的出勤纪律、学习态度、课堂提问和卫生安全等；任务训练考核主要考核学生的实验方案设计能力、实验步骤的完整性、实际操作能力、仪器使用规范程度、实验操作的熟练度和准确度、实验过程的纠错能力、实验过程中的协调能力、实验结果计算与分析、实验结果的准确度、实验报告的规范性等。

终结性考核占考核成绩的40%，除考核基本知识外，着重考核学生综合运用所学知识解决实际问题的能力，如某一分析操作中对关注点的运用等。

撰稿人：广东科学技术职业学院　陈明芳、张　卓
广东理工职业技术学院　宋相慧
珠海迈科智能科技股份有限公司　张　华

专业技术技能课程：C 语言程序设计课程标准

一、课程名称

C 语言程序设计。

二、适用专业及面向岗位

既适用于应用电子技术现代学徒制专业，又适用于电子信息工程技术、通信技术、工业机器人技术等专业。面向电子产品及电子自动化设备研发及操控等岗位。

三、课程性质

本课程是应用电子技术、电子信息工程技术和通信技术等专业的专业技术技能基础课程，旨在培养高职学生应用 C 语言进行程序设计、调试及开发软件的方法，训练学生的逻辑思维能力和编程能力，并逐步形成正确的程序设计思想和良好的程序设计风格，能够使用 C 语言来解决一些实际问题，为提高职业能力和拓展职业空间打下坚实基础。本课程是“单片机应用系统设计与调试”课程的前期基础课程。

四、课程设计

本课程的设计原则基于实现课程的主要教学目标，以各个项目任务为研究对象，以职业能力培养及就业岗位为导向，全方位地为学生创设学习空间。

各个知识点及技能点遵循逻辑顺序及学习规律融入不同的模块任务中，教学方法应将课堂讲授和上机实践相结合，以能力培养为出发点，以具备程序设计能力为教学目标。理论教学以 C 语言最基本、最常用的功能为重点，在掌握必要的理论知识基础上，从问题分析、建立数学模型、算法设计和编码、测试等方面，重点讲授程序设计的思想、方法及设计风格，使学生能够从较高的角度认识课程的学习目的，着重培养学生的学习方法和应用能力。

本课程实践性较强，在实践教学中以培养学生的独立思考能力与动手能力为主导原则，由教师布置内容和时间要求，展示并简介项目的参考作品，由学生独立上机编写并调试程序，完成项目任务，教师给予必要的辅导，并提供每年各大软件公司关于 C 语言的面试、笔试题目让学生训练，培养学生的综合应用能力，从而进一步加深对知识的理解与掌握，提升编程能力。在学习方法上要求学生弄清概念、注重实践、由浅入深、循序渐进。

五、课程教学目标

通过对本课程的学习，初步具备分析问题、解决问题的能力，养成良好的程序设计思想和方法，积累并逐步提升程序设计能力，养成结构化程序设计基本思想，通过使用C语言编程环境提高设计和调试程序的技能。为后续专业课程“单片机应用系统设计与调试”打下良好的基础。

1. **知识目标**

（1）掌握C语言的标识符、数据类型、常量、变量、运算符、表达式和基本语句等基础知识。

（2）掌握算法流程图常用符号。

（3）掌握C语言的顺序结构、选择结构和循环结构知识。

（4）掌握使用函数进行模块化结构程序设计知识。

（5）掌握数组、结构体、指针等数据结构知识。

（6）掌握分析复杂C语言程序的方法知识。

（7）掌握分析问题、解决问题的方法和步骤。

2. **能力目标**

（1）具备编程思想和分析问题的能力。

（2）具备阅读、改写及编写程序的能力。

（3）具备熟练使用C语言解决专业领域问题的能力。

（4）具备学习其他计算机语言的迁移能力。

3. **素质目标**

（1）具有吃苦耐劳、爱岗敬业、善于沟通与合作的良好品质。

（2）具有热爱科学、实事求是的学风和创新意识、创新精神。

（3）具有浓厚的学习兴趣、自信心和良好的学习习惯。

（4）具有良好的团队合作与沟通、协调能力。

六、参考学时与学分

（一）二年制

参考学时：理论54学时，共54学时。
参考学分：3学分。

（二）三年制

参考学时：理论72学时，共72学时。
参考学分：4学分。

七、课程结构

C语言程序设计课程结构见表2-5。

表 2－5　C 语言程序设计课程结构

序号	学习任务（单元、模块）	对接典型工作任务及职业能力要求	知识、技能、态度要求	教学活动设计	学时
1	C 语言编程基础	03－03－03 03－03－06	（1）掌握 C 程序的一般书写形式 （2）掌握在 Turbo C 和 VC＋＋6.0 集成开发环境下建立和运行 C 程序的方法	**教学活动：** （1）PPT 介绍 C 语言的发展历史和特点 （2）通过演示操作软件编写简单 C 程序，熟悉开发环境 **教学内容：** （1）C 语言的发展历史和特点 （2）Turbo C 和 VC＋＋6.0 开发环境	2
2	C 语言基本语法规范	03－03－03 43－06－01	（1）掌握常量与变量的概念，掌握标识符的命名规则 （2）掌握 C 语言的运算符和各种表达式	**教学活动：** （1）PPT 讲授常量和变量的基本概念 （2）PPT 讲授 C 语言的数据类型及各种类型数据的使用 （3）通过案例逐一学习各种运算符和表达式的使用 **教学内容：** （1）常量和变量的基本概念 （2）C 语言的数据类型、运算符和表达式	8
3	C 语言程序设计的顺序、分支和循环结构	03－03－03 43－06－01 43－12－02 43－12－03 43－12－04	（1）掌握顺序结构程序的编写方法 （2）掌握逻辑运算的基本方法 （3）掌握条件运算符和条件表达式的用法 （4）掌握 if 语句与 switch 语句的用法 （5）掌握表达式语句、复合语句的构成	**教学活动：** （1）利用案例对顺序结构程序设计进行讲解 （2）通过“找出任意三个数中的最大数”“找出任意字符串中的各种字符的个数”等问题，让学生理解结构程序设计的思想并能够实际运用	18

（续上表）

序号	学习任务（单元、模块）	对接典型工作任务及职业能力要求	知识、技能、态度要求	教学活动设计	学时
			（6）掌握循环条件的设定方法 （7）掌握 for 语句、while 语句与 do – while 语句的用法 （8）掌握 break 语句与 continue 语句的用法	（3）利用案例对循环结构基本知识加以讲解，同时分析各种循环问题的思路和算法 **教学内容：** （1）顺序结构程序设计 （2）选择结构程序设计 （3）循环结构程序设计	
4	数组的定义与使用	03 – 03 – 03 43 – 06 – 01 43 – 12 – 02 43 – 12 – 03 43 – 12 – 04	（1）掌握一维数组的定义和使用 （2）掌握字符串的使用和字符串函数的应用 （3）理解二维数组的定义和使用	**教学活动：** 通过“同种数据类型序列排序问题”及各种“排序算法”（比如冒泡排序、选择排序、快速排序等）进行数组的讲解与应用 **教学内容：** （1）一维数组的定义和使用 （2）字符串的使用和字符串函数的应用 （3）二维数组的定义和使用	8
5	指针的定义与使用	03 – 03 – 03 43 – 06 – 01 43 – 12 – 02 43 – 12 – 03 43 – 12 – 04	（1）掌握指针的概念、指针变量的定义、指针变量的赋值和指针运算 （2）掌握指向一维数组和指向字符串指针的使用方法	**教学活动：** 通过普通数据类型的指针、数组指针、字符串指针和多维数组指针的多个案例，让学生深入理解 C 程序的精髓 **教学内容：** （1）指针的概念、指针变量的定义、指针变量的赋值和指针运算 （2）指向一维数组和指向字符串指针	6

（续上表）

序号	学习任务（单元、模块）	对接典型工作任务及职业能力要求	知识、技能、态度要求	教学活动设计	学时
6	函数的定义与使用，以及变量的种类	03-03-03 43-06-01 43-12-02 43-12-03 43-12-04	（1）掌握函数的概念、定义和调用的方法 （2）掌握函数嵌套调用的方法 （3）掌握函数的形式参数和实际参数，以及函数调用时的参数传递 （4）掌握数组作函数和指针作函数的参数 （5）了解函数递归调用的方法 （6）了解 main（ ）函数的参数 （7）了解内外部函数的含义及库函数 （8）掌握局部变量和全局变量的概念和作用域 （9）掌握变量存储类型的定义和使用方法	**教学活动：** （1）通过“找出两个数中的最大数”相似类型的案例讲解函数的定义形式 （2）讲解带参数函数和不带参数函数的含义和使用方式，讲解参数的类型、参数的传递方式及函数的调用方式 （3）通过多函数环境使用来介绍函数嵌套的使用 （4）通过程序介绍常见的变量种类，比如全局变量、局部变量及各种存储类型的变量 **教学内容：** （1）函数的概念、定义和调用 （2）函数嵌套调用 （3）函数的形式参数和实际参数，以及函数调用时的参数传递 （4）数组作函数和指针作函数的参数 （5）函数递归调用的方法 （6）main（ ）函数的参数 （7）内外部函数的含义及库函数 （8）局部变量和全局变量的概念和作用域 （9）变量存储类型的定义和使用方法	6

（续上表）

序号	学习任务（单元、模块）	对接典型工作任务及职业能力要求	知识、技能、态度要求	教学活动设计	学时
7	结构体和共用体的定义与使用	03－03－03 43－06－01 43－12－02 43－12－03 43－12－04	（1）了解结构体类型和枚举类型的概念，掌握其定义的常用形式和应用方法 （2）了解结构体数据类型指针的使用方法 （3）了解联合体类型的定义方式和用 typedef 定义类型的方法	**教学活动：** 通过案例介绍结构体、共用体及自定义数据类型的使用 **教学内容：** （1）结构体类型和枚举类型的概念、定义的常用形式和应用方法 （2）结构体数据类型指针的使用方法 （3）联合体类型的定义方式和用 typedef 定义类型的方法	4
8	文件的操作	03－03－03 43－06－01 43－12－02 43－12－03 43－12－04	（1）了解文件的概念和分类 （2）了解文件的打开和关闭、文件指针和位置指针 （3）了解文件的读写函数	**教学活动：** 通过理论和案例讲解文件的常见操作方式 **教学设计：** （1）文件的概念和分类 （2）文件的打开和关闭、文件指针和位置指针 （3）文件的读写函数	2
合计					54

注：“对接典型工作任务及职业能力要求”栏目下的编码与本书附录“1. 现代学徒制应用电子技术专业职业能力分析表”中的编码一致。

八、资源开发与利用

（一）教材编写与使用

（1）教材设计要体现高职教育、创新教育的理念。
（2）教材既要反映教师如何教，还要反映学生如何学。
（3）以项目或任务为单位进行编写。

（二）数字化资源开发与利用

充分利用已有的网络教学资源，常用的网络资源有：国家精品课网站（http://121.26.225.5/jpkc/cyuyan/index.htm）、编程中国（http://www.bccn.net/Article/kfyy/cyy）、C语言帝国（http://www.vcgood.com/）。

（三）企业岗位培养资源的开发与利用

依托校内外合作企业真实产品设计研发及生产实训条件，将教学与产品设计研发及生产实训合一，不仅在规定的实训课时间对学生开放，在学生的业余时间和节假日时间，也对学生开放，满足学生综合职业能力培养的要求。

九、教学建议

（一）教学方法

（1）为达到更好的教学效果，本课程要不断摸索适合高职学生的教学方式。采取灵活的教学方法，增加师生互动性，调动学生的主观能动性。在讲课过程中，多给学生提出问题的机会，开展集体讨论，活跃学习气氛。

（2）“C语言程序设计”作为专业基础课，一方面要把基本知识讲透，另一方面要让学生掌握解决实际问题的基本技能。因此，要严格遵循“教学做合一”的原则，改变以教师讲课为中心的传统教学模式，真正做到以学生为主体、教师为主导，让学生边学边做，并在实训环境中熟练掌握相关的操作技能和编程方法。在教学方法上积极推行案例教学法、模拟情境法、分组讨论法和现场演示法等多种以学生为主体的教学方法。

（3）教学中结合教学内容的特点，培养学生独立学习的习惯，使学生能够开动脑筋，努力提高自学能力和创新精神，分析原因，找到解决问题的方法和技巧。

（4）重视学生之间的团结协作，培养共同解决问题的团队精神。

（5）教学中注重行为引导式教学方法的应用。

（二）教学条件

主讲教师应具备硕士及以上学位，能综合运用各种教学方法设计课程。具有较强的专业能力，愿意学习并运用新知识开展教学，有丰富的行业经验，具有相关职业资格证书和教师资格证书。

多媒体一体化教室应配置安装有Windows XP以上操作系统及Turbo c和VC++6.0开发环境的计算机，还应装有相关的学习软件，以及能够应用网络技术的现代化教学硬件。

十、教学评价

本课程考核采用个人自评、小组互评和指导教师评价等方式，对C语言各个知识点进行全面的综合考量。平时成绩占 40%，期末考试成绩占 60%，其中平时成绩由实验作业、考勤、课堂问答等综合而成；期末考试采用笔试形式，考核学生对 C 语言知识的掌握情况。

撰稿人：广东科学技术职业学院　尹海昌、樊秋月
广州科贸职业技术学院　徐承亮
珠海欧比特控制工程股份有限公司　蒋晓华

专业技术技能课程：传感器技术与应用课程标准

一、课程名称

传感器技术与应用。

二、适用专业及面向岗位

既适用于应用电子技术现代学徒制专业，又适用于电子信息工程技术和电气自动化等专业。面向产品研发、过程开发和测调校验等岗位。

三、课程性质

本课程主要培养学生掌握各类传感器的工作原理，具有正确选择应用各种类型的传感器，构建检测系统及测试模块电路的设计制作能力，这些能力是本专业对应的职业岗位所需的重要技能。本课程是应用电子技术现代学徒制专业的一门专业技术技能课程，属校内课程。

本课程的前导课程是“电路与电工技术”和“电子电路调试与应用”（模电和数电）；后续课程为“单片机应用系统设计与调试”和“可编程控制器技术应用”等。

四、课程设计

通过岗位调研及专家论证，对“传感器技术与应用”课程进行工作任务分析，得出“传感器技术与应用”课程对应的典型工作任务主要有6项，即：合理地选择传感器、传感器应用电路的安装与调试、传感器应用电路的测试、常用传感器测量电路的检修、传感器应用电路的分析、传感器应用电路设计与制作。提炼上述典型工作任务归纳出“典型传感器电子产品分析与设计”，并转化为“传感器技术与应用”学习领域。该学习领域根据典型工作任务所需的职业能力，以传感器应用项目为载体，结合岗位对应的职业能力要求，针对学习领域开发一个应用多种传感器的智能巡逻车设计项目，该项目综合传感器认知，涉及温度检测、气体检测、湿度检测、光照强度检测和位移检测等应用领域，包含方案设计、传感器选型、模块电路设计、电路制作、整机装配调试，以及故障诊断与调整等工作过程。

五、课程教学目标

通过学习使学生掌握传感器的结构、组成和基本工作原理，能够正确选择传感器，按工程要求构建测试电路，实现工程目标。通过综合项目训练学习，培养学生具备分析问题、解决问题的能力，根据工程项目要求，培养创新意识和良好的职业素养。

1. 知识目标

（1）掌握传感器组成结构、基本原理及相关知识。

（2）掌握温度传感器的工作原理及温度检测的基本方法。

（3）掌握电感式传感器的功能及工作特点，了解电感式传感器的工作原理、分类方法及电感式传感器的测量方法。

（4）掌握压电式传感器的结构及工作原理，了解压电效应原理、压电式传感器的功能及工作特点、压电元件串联和并联的特性及压电式传感器的测量方法。

（5）掌握磁电式传感器的工作原理、基本特性，了解磁电式传感器的测量电路、霍尔元件的构造及测量电路、霍尔元件的补偿电路。

（6）掌握光电效应、光电器件及其特征、光电传感器的功能和应用方法。

（7）掌握超声波传感器的工作原理及应用方法。

2. **能力目标**

（1）掌握常用传感器的结构及工作原理，具备借助工具正确识别并测量各类传感器性能指标参数的能力。

（2）能够根据工程项目要求，合理选用各种类型传感器，具备传感器应用电路设计的能力。

（3）具备使用万用表、示波器等常用仪器仪表检测工程设备故障，判别并检修传感器故障的能力。

（4）具备根据被测信号特点，合理选用传感器设计制作相应模块测量电路的能力。

3. **素质目标**

（1）培养学生对工程应用系统的分析方法，具有元件、部件、组件、系统的明确概念。

（2）培养学生勤于思考、做事认真严谨的良好作风。

（3）培养学生分析问题、解决问题的能力。

（4）培养学生的沟通能力及团队协作精神。

（5）培养学生的质量保障意识、安全生产意识。

（6）培养学生社会责任心、环保意识。

六、参考学时与学分

（一）二年制

参考学时：理论 54 学时，实践 18 学时，共 72 学时。
参考学分：4 学分。

（二）三年制

参考学时：理论 54 学时，实践 18 学时，共 72 学时。
参考学分：4 学分。

七、课程结构

传感器应用技术课程结构见表 2－6。

表2-6　传感器应用技术课程结构

序号	学习任务（单元、模块）	对接典型工作任务及职业能力要求	知识、技能、态度要求	教学活动设计	学时
1	制定项目设计方案	02-02-01 02-03-02	(1) 掌握传感器的定义、组成和分类 (2) 掌握传感器的线性度、灵敏度、迟滞、重复性、分辨力、阈值和稳定性等基本特性 (3) 掌握各类传感器的工作原理和结构特点 (4) 能正确识别各种传感器在整个工作系统中的作用 (5) 能够领会客户对传感器应用类电子产品的功能需求及验收标准 (6) 评审方案电路的热稳定性、可靠性、电磁兼容、ESD、能耗、安全性及环境保护等要求	教学活动： (1) 认知传感器 (2) 分组制订智能小车传感器模块方案 (3) PPT讲授传感器知识 (4) 学生互评、教师评讲 教学内容： (1) 传感器的定义、组成和分类 (2) 传感器的线性度、灵敏度、迟滞、重复性、分辨力、阈值和稳定性等基本特性 (3) 各类传感器的工作原理和结构特点	12
2	原理图设计	03-01-10 03-01-12	(1) 掌握热电偶、压电式、电感式和电容式等各种传感器的使用方法 (2) 掌握热电偶、压电式、电感式和电容式等各种传感器应用的测量电路 (3) 具备传感器类元器件降额应用选型、计算的能力 (4) 能够根据被测信号的特点，合理设计检测电路 (5) 具备分析、设计和更改传感器应用电路的能力	教学活动： (1) 设计光照强度传感器检测模块电路 (2) 设计超声波测距模块电路 (3) 设计循迹模块电路 (4) 设计红外发射传感器模块电路 (5) PPT讲授各类传感器应用电路 (6) 电路设计经验分享 教学内容： (1) 热电偶、压电式、电感式和电容式等各种传感器的使用方法 (2) 热电偶、压电式、电感式和电容式等各种传感器应用的测量电路	20

（续上表）

序号	学习任务（单元、模块）	对接典型工作任务及职业能力要求	知识、技能、态度要求	教学活动设计	学时
3	电路板制作与调试	03-02-01 03-02-03 03-02-04	（1）能够使用仪器、仪表、设备和工具 （2）能够根据检测要求合理选用各种类型的传感器，进行传感器应用电路的装配 （3）能够用不同类型的传感器设计制作并调试相应的模块电路	**教学活动：** （1）制作与调试光照强度传感器检测模块电路 （2）制作与调试超声波测距模块电路 （3）制作与调试循迹模块电路 （4）制作与调试红外发射传感器模块 （5）PPT 讲授各类传感器选型及装配工艺 （6）电路设计经验分享 **教学内容：** （1）根据检测要求合理选用各种类型的传感器 （2）各种传感器应用电路模块的装配方法 （3）各种传感器应用电路模块的调试方法	20
4	整机装配与系统功能测试	03-06-01 03-06-03 03-06-05	（1）掌握各种传感器的测量方法，能够准确地判断出传感器的好坏 （2）能够用常用万用表、示波器等常用仪器仪表做传感器应用产品性能的检查，判别其好坏 （3）能够用所学传感器知识和常用仪器仪表对各种传感器应用产品进行测试 （4）能够用所学传感器知识进行常用传感器测量电路的检修	**教学活动：** （1）整机装配与编程调试 （2）项目介绍、分享与评价 （3）整机功能演示 （4）学生相互评价，教师点评 **教学内容：** （1）各种传感器的测量方法，准确地判断出传感器的好坏 （2）用常用万用表、示波器等常用仪器仪表做各种传感器应用产品性能的检查，判别其好坏 （3）各种传感器应用产品测试与检修	20

（续上表）

序号	学习任务（单元、模块）	对接典型工作任务及职业能力要求	知识、技能、态度要求	教学活动设计	学时
合计					72

注："对接典型工作任务及职业能力要求"栏目下的编码与本书附录"1. 现代学徒制应用电子技术专业职业能力分析表"中的编码一致。

八、资源开发与利用

（一）教材编写与使用

教材编写要注重校企合作开发课程资源，与企业合作编写教材和课件，选取企业的实际工程案例和项目为素材，融合工业标准，编写基于工作过程的项目化教材，培养学生的职业岗位技能。

教材选用应考虑高职学生的学习特点，突出直观性和实物性。

（二）数字化资源开发与利用

注意利用丰富的网络资源获取参考资料并进行学习，常用的网站有传感器世界（http://www.sensorworld.com.cn）、全球传感器专业网站（http://www.global－sensors.com）。

九、教学建议

（一）教学方法

根据课程教学模块内容，建议学生分成4人一组，以小组的形式共同设计与制作智能巡逻小车。在整个学习过程中完成常用传感器选型应用训练和典型检测系统的集成与使用训练等。每次按不同检测要求，合理选择所需传感器及其测量电路，制作与调试智能巡逻小车的各个传感器模块，掌握自动检测系统的操作技能。每组须完成智能巡逻车实物作品，写出设计说明文件，并进行实物作品测试与验收。

（二）教学条件

"教学做一体化"教室，能提供多媒体及实物投影功能，提供各种传感器、控制执行元件的演示及学生训练功能，提供使用传感器构建测控系统的教学、演示及训练功能，具有电脑及单片机编程仿真软件等。

十、教学评价

根据"传感器技术与应用"课程的特点和课程整体设计要求，为了更好地对学生所学知识和能力进行检查，重在测试学生的动手操作能力和知识运用能力。为体现学生的学习态度、学习积极性和学习效果，建议考核方式如下：平时考核占 20%，主要考核学生出勤率及作业完成情况；智能巡逻车作品设计项目考核占 50%，主要考核学生项目作品完成效果；期末考核占 30%，主要考核学生对专业理论知识的掌握和理解。

撰稿人：广东科学技术职业学院　陈明芳、余正泓
顺德职业技术学院　肖文平
珠海伺密控自动化科技有限公司　黄佳史

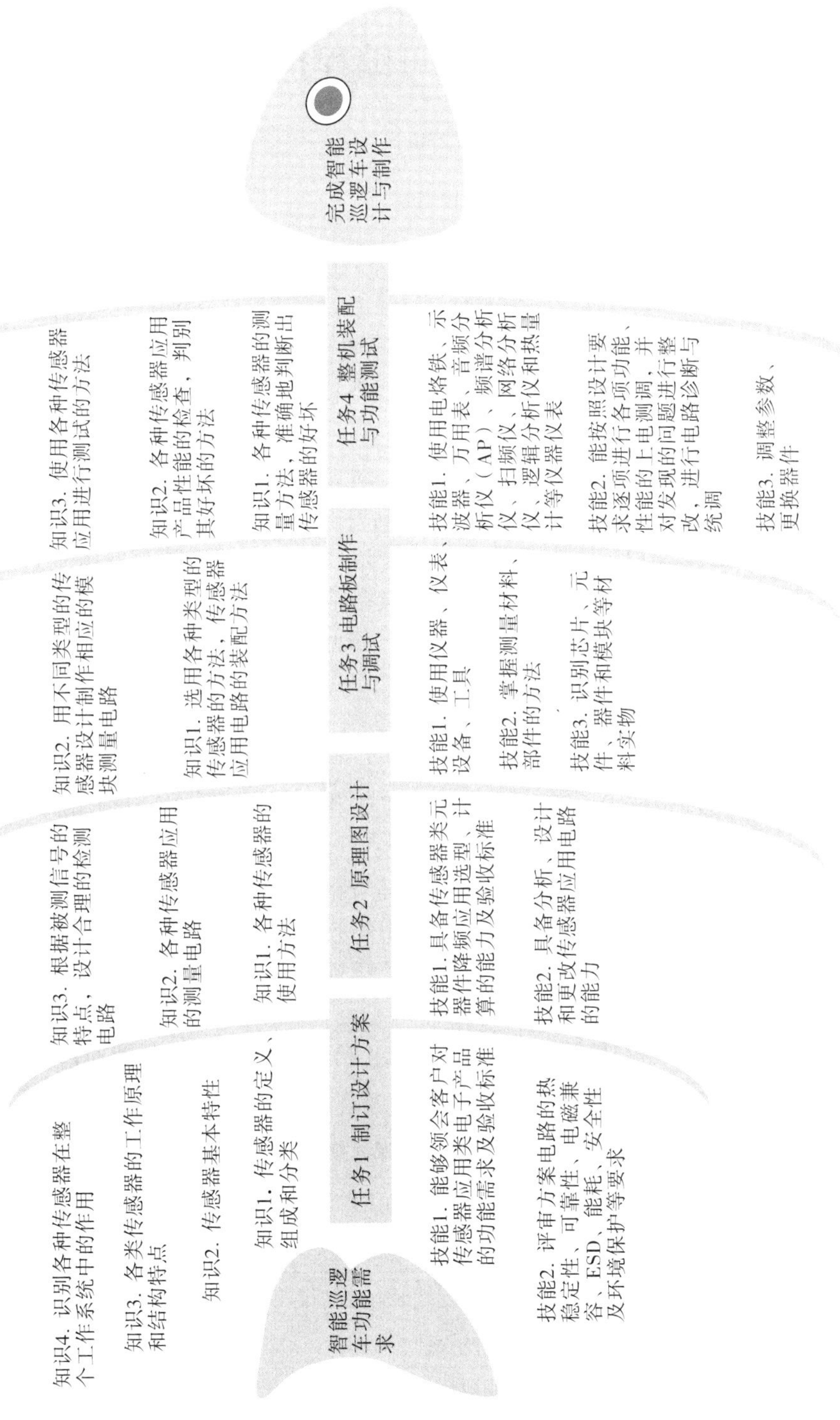

附图　传感器技术与应用课程之项目——智能巡逻车设计与制作

专业技术技能课程：PLC 可编程控制器应用技术课程标准

一、课程名称

PLC 可编程控制器应用技术。

二、适用专业及面向岗位

既适用于应用电子技术现代学徒制专业，又适用于电子信息工程技术、机电一体化技术及工业机器人技术等专业。面向智能控制设备检测维护、设计研发、安装调试等岗位。

三、课程性质

本课程是高职应用电子技术现代学徒制专业开设的一门技术技能课程，是技术性、实践性较强的必修课程。主要培养学生掌握 PLC 结构、工作原理及编程指令，并能够应用 PLC 技术进行工程设备控制项目设计、设备检修与维护、设备操控与编程，提升学生分析和解决问题、团队协作的能力和素养。修此课程前，应已学修“电路与电工技术”“电子电路调试与应用”等专业基础课程。

四、课程设计

以培养职业岗位能力为重点，本课程以工作过程为导向，以项目任务为知识载体，将 PLC 技术中常用的基本指令、功能指令及常用的编程方法，由浅入深、渐次地融入各个项目任务中，教师带领学生在完成项目任务的过程中学习并掌握必需的知识和技能，教学采用“教学做一体化”的授课模式，用任务达成度来考核学生对知识及技能的掌握情况，打破传统的学科型授课模式，以项目任务为主线，创设工作情境，结合职业技能考核要求，培养学生的实践动手能力。

教学内容由四大模块、22 个项目任务组成，每个项目任务都对应相应的职业技能点，如表 2－7 所示。

表 2－7　课程模块任务

模块名称	项目任务	学时
PLC 基本指令应用	任务一　PLC 基础	3
	任务二　电动机的点动与连续运行控制设计	3
	任务三　通风机监控系统设计	3
	任务四　电动机顺序起停控制设计	3
	任务五　产品出入库控制程序设计	3
	任务六　自动冲水设备控制系统设计	3
	任务七　机床滑台控制系统设计	3

（续上表）

模块名称	项目任务	学时
PLC 基本指令应用	任务八　彩灯控制系统设计	3
	任务九　包装流水线控制系统设计	3
	任务十　钻床控制系统设计	3
PLC 功能指令应用	任务一　彩灯交替点亮控制系统设计	3
	任务二　密码锁控制系统设计	3
	任务三　自动售货机控制系统设计	3
	任务四　流水灯控制系统设计	2
	任务五　数字钟显示控制系统设计	3
	任务六　声光报警控制系统设计	3
	任务七　钢板裁剪控制系统设计	3
特殊功能模块和数据通信	任务一　电热水炉温度控制	10
	任务二　PLC 数据通信	10
综合应用	任务一　用 PLC 和触摸屏实现抢答器控制系统设计	5
	任务二　用 PLC 与变频器实现电梯轿厢开关门控制设计	5
	任务三　用触摸屏、PLC、变频器实现中央空调控制系统设计	10

五、课程教学目标

通过本课程的学习，使学生能够根据项目任务的控制要求，编写 PLC 程序，绘制出硬件接线图并能够在实训室进行模拟、仿真和调试。通过完成项目任务，使学生掌握分析问题和解决问题的方法，并逐步培养学生的辩证思维和严谨的工作作风，锻炼学生的创新思维、创新能力及团队合作精神，使学生具备一定的 PLC 从业人员的职业素养，为今后从事应用 PLC 技术相关岗位工作打下扎实的基础。

1. 知识目标

（1）掌握 PLC 种类、硬件结构及工作原理。

（2）掌握 PLC 的内部软元件资源、基本指令及常用功能指令。

（3）掌握 PLC 的常用编程方法及注意事项。

（4）掌握 PLC 常用的扩展功能模块及特殊功能模块。

（5）掌握触摸屏、变频器的工作原理。

（6）掌握应用 PLC 技术设计工程项目控制方案的方法。

2. 能力目标

（1）具备使用编程和仿真软件对 PLC 控制程序进行编写和仿真的能力。

（2）具备使用指示灯和按钮，根据 PLC 的 I/O 接线图进行硬件连接及程序调试的能力。

（3）具备运用 SFC 指令进行编程和仿真的能力。

（4）具备编写较为复杂的 PLC 控制程序的能力。

（5）具备根据工程项目要求设计控制方案，对 PLC 进行选型、模块扩展等整体综合设计的能力。

（6）具备应用触摸屏、变频器及 PLC 进行综合项目软硬件设计、仿真及调试的能力。

（7）具备应用 PLC 进行通信及总线联网设计的能力。

3. **素质目标**

（1）遵守安全操作规程及实训纪律。

（2）培养认真严谨的学习态度。

（3）培养创新意识及良好的学习习惯。

（4）培养完成工程项目的团队合作能力及职业素养。

六、参考学时与学分

（一）二年制

参考学时：理论 54 学时，实践 18 学时，共 72 学时。
参考学分：4 学分。

（二）三年制

参考学时：理论 54 学时，实践 36 学时，共 90 学时。
参考学分：5 学分。

七、课程结构

PLC 可编程控制器应用技术课程结构见表 2－8。

表 2－8　PLC 可编程控制器应用技术课程结构

序号	学习任务（单元、模块）	对接典型工作任务及职业能力要求	知识、技能、态度要求	教学活动设计	学时
1	PLC 基本指令应用	03－01－04 03－01－05 02－02－01 01－01－02	（1）掌握可编程控制器的功能、特点、应用范围与分类 （2）掌握 PLC 的基本组成、工作原理及其选用方法 （3）掌握 PLC 的基本指令，掌握基本控制环节的接线、编程、动作分析的技术和方法	**教学活动：** 使用 PLC 综合实训台设计实现 PLC 基本指令的应用 **教学内容：** （1）PLC 基础 （2）电动机的点动与连续运行控制设计 （3）通风机监控系统设计	30

（续上表）

序号	学习任务（单元、模块）	对接典型工作任务及职业能力要求	知识、技能、态度要求	教学活动设计	学时
1	PLC 基本指令应用		（4）掌握 PLC 基于梯形图的经验编程法、老改新编程法和时序编程法 （5）掌握 PLC 的 SFC 图的 3 种基本结构及工序编程法	（4）电动机顺序起停控制设计 （5）产品出入库控制程序设计 （6）自动冲水设备控制系统设计 （7）机床滑台控制系统设计 （8）彩灯控制系统设计 （9）包装流水线控制系统设计 （10）钻床控制系统设计	30
2	PLC 功能指令应用	03-01-04 03-01-05 02-02-01 03-03-01 01-01-02	（1）掌握 PLC 的应用指令及其编程技巧 （2）掌握可编程控制器的程序流转控制、传送与比较、算术和逻辑运算、数据处理、外部I/O设备等功能指令的运用	**教学活动：** 使用 PLC 综合实训台设计实现 PLC 功能指令的应用 **教学内容：** （1）彩灯交替点亮控制系统设计 （2）密码锁控制系统设计 （3）自动售货机控制系统设计 （4）流水灯控制系统设计 （5）数字钟显示控制系统设计 （6）声光报警控制系统设计 （7）钢板裁剪控制系统设计	20
3	特殊功能模块和数据通信	01-01-02 02-02-01 03-01-04 03-01-05 03-03-01 03-06-01	（1）掌握 PLC 特殊功能模块应用及数据通信设置 （2）掌握 PLC 开关量控制、模拟量控制、联网通信、计算机监控等“现场案例”	**教学活动：** 使用 PLC 综合实训台设计实现 PLC 特殊功能模块和数据通信的应用 **教学内容：** （1）电热水炉温度控制 （2）PLC 数据通信	20

（续上表）

序号	学习任务（单元、模块）	对接典型工作任务及职业能力要求	知识、技能、态度要求	教学活动设计	学时
4	综合应用	02－02－01 02－04－03 03－06－01 06－01－02 17－04－03 21－02－06	（1）掌握PLC应用系统的设计、安装、调试与维护等技术和方法 （2）掌握触摸屏、变频器的设置及应用 （3）学会根据工艺过程和控制要求，进行可编程控制器的系统设计并编制应用程序	**教学活动：** 使用PLC综合实训台设计实现PLC、GOT、变频器的应用 **教学内容：** （1）用PLC和触摸屏实现抢答器控制系统设计 （2）用PLC与变频器实现电梯轿厢开关门控制设计 （3）用触摸屏、PLC、变频器实现中央空调控制系统设计	20
合　计					90

注：“对接典型工作任务及职业能力要求”栏目下的编码与本书附录“1. 现代学徒制应用电子技术专业职业能力分析表”中的编码一致。

八、资源开发与利用

（一）教材编写与使用

教材应以完成项目案例为载体进行编写，要体现先进性、通用性和实用性。能够融入新技术、新标准，项目案例设计要具体、可操作。建议校企人员共同开发，充分体现职业岗位技能的培养；突出课程内容的职业指向性、时代性和前瞻性。

（二）数字化资源开发与利用

（1）制定包括课程标准、课程设计、实训指导书、教学日历等在内的教学文件，建设PPT教学课件、教学视频、教学案例视频、工程项目案例库、微课及在线测试/考评系统等数字化资源，以此为基础，构建数字化课程网站资源。

（2）建设基于“互联网＋”的各类PLC技术培训案例库。

（三）企业岗位培养资源的开发与利用

依托校内外合作企业真实产品设计研发及工程实训条件，将教学与PLC系统控制调试设计及工程实训合一，不仅在规定的实训课时间对学生开放，在学生的业余时间和节假日时间，也带领学生进入企业开展工程案例观摩与研讨，提升学生职业岗位能力。

九、教学建议

（一）教学方法

本课程尽可能在实训室，采用“教学做一体化”的方式进行教学，根据实训设备的数量，尽可能采用分组形式，让每个学生都能够亲自动手参加实训。

在教学过程中教师应注重学生素质的全面发展，关注学生学习中存在的困难、问题，采取有效的教学策略引导、帮助学生，同时根据教师对课程的认识和对学习的理解，以学生为中心，调动学生的学习兴趣。通过任务驱动使学生先感后知，激发学生潜在的学习动力，围绕完成任务中出现的问题、难题进行理论知识的学习，引导学生综合运用所学的知识和技能，进行工作任务的策划与设计、实施和评价，训练学生有序工作，培养学生的工程能力。

（二）教学条件

本课程教学需在配有 PLC、触摸屏、变频器及各类执行机构等实训模块的综合实训室进行，实训台至少有 30 台，满足 60 人（两人一组）上课的需要，每个综合实训台需要配备电脑，电脑中要安装符合 PLC 机型的编程及仿真软件。

（1）课堂教学环节：在智能控制中心教室中进行教学，要求计算机安装相关软件，包括 PLC 编程软件及仿真软件、GOT 编程软件及仿真软件。

（2）实训环节：仿真 + 实训台，计算机要求安装相关软件，包括：PLC 编程软件及仿真软件、GOT 编程软件及仿真软件。项目设计验证实训，在智能控制中心使用 PLC 综合实训台对设计项目进行调试验证。

（3）课外学习环节：构建课程“学、练、核”网站平台，利用现代信息技术开发多媒体课件，通过搭建起多维、动态、活跃、自主的课程训练平台，使学生的主动性、积极性和创造性得以充分发挥和调动。

十、教学评价

本课程采取平时表现 + 基本模块能力考核 + 综合模块能力考核的方式进行评价，基本模块能力考核以各单元模块训练项目的完成情况为依据，注重基本知识、基本技能掌握情况的阶段性考核及综合应用能力的考核。综合能力考核是期末对全部课程知识与能力的综合测试，采用课程设计项目的考核方式，学生独立完成提交设计报告并答辩。基本能力模块考核占 40%，平时表现占 20%，综合模块能力考核占 40%。

撰稿人：广东科学技术职业学院　黄进财、王红梅
佛山职业技术学院　张松涛
珠海迈科智能科技股份有限公司　谢　辉

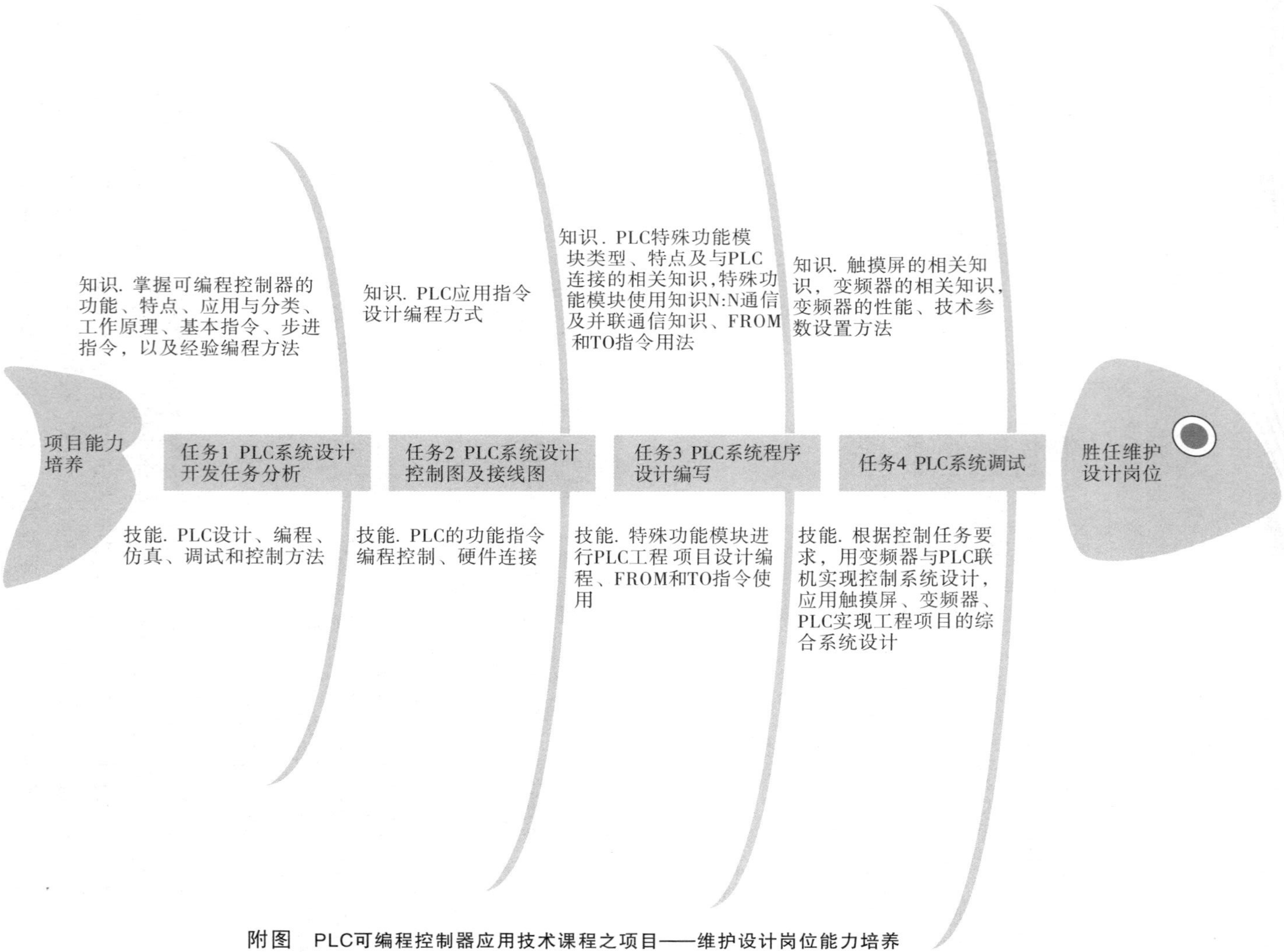

附图　PLC可编程控制器应用技术课程之项目——维护设计岗位能力培养

专业技术技能课程：单片机应用系统设计与调试课程标准

一、课程名称

单片机应用系统设计与调试。

二、适用专业及面向岗位

既适用于应用电子技术现代学徒制专业，又适用于电子信息工程技术、通信技术、工业机器人技术等专业。面向电子产品设计与维修、智能设备编程及操控等岗位。

三、课程性质

本课程是应用电子技术、电子信息工程技术、通信技术、工业机器人技术等专业的专业技术技能课程，重点培养学生掌握从事单片机应用系统设计与开发所必需的知识和能力，是从事电子、自动化、通信、计算机应用、机电一体化等领域的工程技术人员必修的课程。其前导课程是"电子电路调试与应用"和"C 语言程序设计"。

四、课程设计

本课程教学过程按照知识体系分为两个阶段：第一阶段，学习单片机的基本知识，掌握单片机基本内部结构和各项功能与接口的使用，能够看懂简单的单片机功能电路和 C51 程序，能够使用 KeilC μVision 和 Proteus VSM 软件进行单片机各功能模块电路的仿真调试；第二阶段，将所学知识进一步深化，全面掌握整体单片机应用系统，提高单片机综合应用能力和创新能力。通过项目驱动教学方法组织教学，将理论、实训、产品开发三者有机结合，融教、学、做于一体，以技能训练为重点，构建模块化、组合型、进阶式能力训练体系。重点培养设备控制，编程与实施，电子产品设计、检测与维护的能力，按照"教学做一体化"的教学模式及项目驱动式教学法的要求，设计和开发一系列基于工作过程的教学标准和教学资源，实现基于实际工作过程的系统化的课程教学。具体项目包括：①单片机操作环境。②单片机硬件系统。③单片机并行 I/O 端口。④显示和键盘接口。⑤定时和中断系统。⑥A/D 和 D/A 转换接口。⑦单片机应用系统设计实例。

五、课程教学目标

通过本课程学习，使学生能够熟练掌握单片机的硬件结构、单片机原理及接口技术，能够读懂单片机应用领域实际工程案例，掌握使用 C 语言进行单片机应用系统开发设计的基本技能，并能够根据工程实际需求进行单片机系统设计开发、安装及调试，在工程实践中提升发现问题、分析问题、解决问题的能力。

1. 知识目标

（1）了解计算机和单片机的发展历史，掌握单片机的组成、内部结构、最小系统、汇编指令、I/O 口功能、中断功能、定时器功能、串行口功能、A/D 与 D/A 功能等知识。

（2）掌握单片机综合系统设计调试的方法和知识，掌握设计调试简单计算器、数字钟、温度测量仪和脉冲计数器等多功能模块综合运用知识。

2. **能力目标**

（1）能够看懂C语言程序，能够使用C语言编写单片机应用程序。

（2）能够看懂单片机功能电路和C51程序，能够使用KeilC μVision和Proteus VSM软件进行单片机各功能模块电路的仿真调试。

（3）能够设计调试包含复杂功能的单片机综合应用系统程序。

3. **素质目标**

具备发现问题、分析问题、解决问题的逻辑思维能力和自我学习的主动意识。

六、参考学时与学分

（一）二年制

参考学时：理论54学时，实践18学时，共72学时。

参考学分：4学分。

（二）三年制

参考学时：理论54学时，实践36学时，共90学时。

参考学分：5学分。

七、课程结构

单片机应用系统设计调试与应用课程结构见表2－9。

表2－9 单片机应用系统设计调试与应用课程结构

序号	学习任务（单元、模块）	对接典型工作任务及职业能力要求	知识、技能、态度要求	教学活动设计	学时
1	单片机操作环境	03－01－01 03－03－03 03－03－05 03－03－06	（1）掌握Proteus软件基本功能的使用 （2）掌握Proteus绘制原理图的基本步骤，能够绘制简单的电路原理图 （3）熟悉Keil C51软件的基本功能，掌握在Keil C51中建立项目，C程序的输入、编译和选项窗口的设置 （4）掌握利用Proteus和Keil C51实现动态联合调试	**教学活动：** （1）利用Proteus软件绘制原理图 （2）利用Keil C51软件编写简单程序 （3）对Proteus和Keil C51进行设置，联合调试简单程序 **教学内容：** （1）Proteus基本功能 （2）Proteus绘制原理图的基本步骤	8

（续上表）

序号	学习任务（单元、模块）	对接典型工作任务及职业能力要求	知识、技能、态度要求	教学活动设计	学时
1	单片机操作环境			（3）Keil C51 软件的基本功能，在 Keil C51 中建立项目，C 程序的输入、编译和选项窗口的设置；利用 Proteus 和 Keil C51 实现动态联合调试	8
2	单片机硬件系统	01－01－02 02－02－01 03－01－08 03－03－03 03－03－05 03－03－06 03－05－06	（1）掌握 8051 单片机的特点、基本结构和芯片引脚 （2）掌握 8051 单片机的存储器分配 （3）了解 CPU 时序、复位信号与复位电路	**教学活动：** （1）搭建单片机的最小系统 （2）用 Keil C51 编写简单的 C51 单片机程序并下载调试 **教学内容：** （1）8051 单片机的特点、基本结构和芯片引脚 （2）8051 单片机的存储器分配 （3）CPU 时序、复位信号与复位电路	8
3	单片机并行 I/O 端口	01－01－02 03－01－04 03－02－06 03－03－03	（1）能够用 I/O 引脚连接电阻和 LED，编写、调试流水灯程序 （2）掌握用单片机控制蜂鸣器的方法 （3）掌握用单片机控制电机的方法	**教学活动：** （1）利用 I/O 引脚连接电阻和 LED，并利用数组和循环语句等编写、调试流水灯程序 （2）编写用单片机控制蜂鸣器的程序 （3）编写，用单片机控制电机程序 **教学内容：** （1）流水灯电路及程序设计 （2）蜂鸣器控制电路及程序设计 （3）电机控制电路及程序设计	16

（续上表）

序号	学习任务（单元、模块）	对接典型工作任务及职业能力要求	知识、技能、态度要求	教学活动设计	学时
4	显示和键盘接口	01－01－02 03－01－04 03－02－06 03－03－03	（1）能够编写数码管静态显示程序，点亮一位数码管 （2）能够运用动态显示的方式点亮多位数码管 （3）能够正确地连接LED点阵和单片机的引脚，显示简单字符；了解16×16点阵汉字显示的方法 （4）熟悉运用LCD液晶显示器显示字符 （5）掌握按键消抖处理方法，编写独立按键的检测程序 （6）熟练编写矩阵键盘检测处理程序，识别相应的按键	**教学活动：** （1）编写数码管静态显示程序，点亮一位数码管 （2）运用动态显示的方式点亮多位数码管 （3）连接LED点阵和单片机的引脚，显示简单字符；了解16×16点阵汉字显示的方法 （4）运用LCD液晶显示器显示字符 （5）利用按键消抖处理方法，编写独立按键的检测程序 （6）熟练编写矩阵键盘检测处理程序，识别相应的按键 **教学内容：** （1）八路抢答器设计 （2）小型LED数码管显示屏设计 （3）LED点阵电子广告牌设计 （4）字符型LCD液晶显示设计 （5）电子密码锁设计	12
5	定时和中断系统	03－01－04 03－02－06 03－03－03	（1）掌握定时器/计数器的工作原理 （2）熟悉定时器/计数器的工作方式与控制字寄存器的设置；掌握计算初值和最大定时的方法 （3）掌握定时/计数器和数码管组成时钟显示的方法	**教学活动：** （1）简易秒表程序设计 （2）模拟交通灯程序设计 （3）简易音乐播放器程序设计 **教学内容：** （1）定时器/计数器的工作原理	16

（续上表）

序号	学习任务（单元、模块）	对接典型工作任务及职业能力要求	知识、技能、态度要求	教学活动设计	学时
5	定时和中断系统		（4）掌握中断的概念、中断响应的过程和中断程序的设计方法 （5）掌握单片机的中断系统结构与中断控制寄存器的功能	（2）定时器/计数器的工作方式与控制字寄存器的设置；计算初值和最大定时的方法 （3）定时/计数器和数码管组成时钟显示的方法 （4）中断的概念、中断响应的过程和中断程序的设计方法 （5）单片机的中断系统结构与中断控制寄存器的功能	16
6	A/D 和 D/A 转换接口	03－01－04 03－02－06 03－03－03	（1）掌握 A/D 及 D/A 转换器的工作原理 （2）掌握 DAC0832 与 8051 单片机的接口方法 （3）掌握 ADC0809 与 8051 单片机的接口方法	**教学活动：** （1）简易数字电压表程序设计 （2）多波形发生器程序设计 **教学内容：** （1）A/D 和 D/A 转换器的工作原理 （2）DAC0832 与 8051 单片机的接口方法 （3）ADC0809 与 8051 单片机的接口方法	8
7	单片机应用系统设计实例	01－01－02 02－02－01 03－01－04 03－01－08 03－02－06 03－03－01 03－03－03 03－03－05	能够综合运用数码管动态显示、矩阵键盘检测、中断、定时计数器、A/D和 D/A 转换接口等，实现系统设计的功能要求	**教学活动：** 综合运用数码管动态显示、矩阵键盘检测、中断、定时计数器、A/D和 D/A 转换接口等，实现系统设计的功能要求	22

（续上表）

序号	学习任务（单元、模块）	对接典型工作任务及职业能力要求	知识、技能、态度要求	教学活动设计	学时
7	单片机应用系统设计实例	03-03-06 03-05-06		**教学内容：** （1）多功能可调数字钟的软硬件设计 （2）数字温度计的软硬件设计	22
合　计					90

注："对接典型工作任务及职业能力要求"栏目下的编码与本书附录"1. 现代学徒制应用电子技术专业职业能力分析表"中的编码一致。

八、资源开发与利用

（一）教材编写与使用

（1）使用以案例化、项目化为导向的教材。依据本课程标准编写校本教材，充分体现任务引领、项目导向工作过程的设计思想；充分考虑现代教学资源的利用；充分融入工程实际案例。

（2）依据本课程标准及教学实践编写 Proteus 仿真教程。

（3）依据本课程标准编写项目指导书。

（4）编写网络电子教材、教案、PPT 课件及微课视频。

（二）数字化资源开发与利用

积极利用电子书籍、电子期刊、数字图书馆和各大专业网站资源，使教学内容从单一化向多元化转变，使学生知识和能力得到拓展。具体包括以下内容：

（1）软件使用教程：Keil C51 中文入门教程。

（2）单片机 CPU 芯片技术手册：AT89C51 单片机等。

（3）单片机接口及外围芯片技术手册：RS232 芯片、PCF8563 时钟芯片、24C02EEPROM 芯片等。

（4）单片机应用技术论文。

（5）单片机硬件设计制作资料。

（6）单片机源代码集：常用接口器件代码、浮点运算子程序、I2C 读写程序等。

（7）单片机新技术应用资料：I2C 资料、USB、RS232 通信等。

充分利用丰富的网络资源进行学习，常用的学习网站有：我要自学网（http://www.51zxw.net）、老古开发网（www.laogu.com）、周立功单片机（www.zlgmcu.com）、21IC 网（www.21ic.com）、21 世纪新锐网（www.21xr.com）、实用电子制作网（http://

www. sydzdiy. com/)、电子制作实验室网站（http://www. xie - gang. com/ ）。

（三）企业岗位培养资源的开发与利用

依托校内外合作企业真实产品设计研发及工程实训条件，将教学与产品设计研发及工程实训合一，不仅在规定的实训课时间对学生开放，在学生的业余时间和节假日时间，也带领学生进企业开展工程案例观摩与研讨，提升学生职业岗位能力。

九、教学建议

（一）教学方法

1. 注重教学资源库资源的开发、搜集与整理

（1）电子元器件资料库：常用模拟元器件和数字元器件的分类、参数、作用及使用说明。

（2）图片库：元器件库，仪器仪表工具库，实用制作电路图库，实训教学环境图库，校外实习图库，学生作品图库，生产设备及工艺图片。

（3）动画库：相应知识点的动画资源，帮助学生理解消化相应知识。

（4）视频库：常用工具使用方法录像，情境教学录像，模拟电路教学视频，数字电路教学视频，学生作品演示视频，学生获奖作品讲解视频，工程案例编程录像。

（5）多媒体课件库：按照工作过程开发的项目化课件，按情境分类，图文并茂，并在相关知识点处插入大量动画，采取多种手段开展教学，激发学生兴趣，帮助学生更好地理解相关知识。

（6）仿真实训库：仿真实例及仿真录像，教会学生使用仿真软件进行项目仿真测试。

（7）创新项目库：建立各类电子设计竞赛题目资源，使学生了解电子设计竞赛题型，培养创新能力。

2. 有效利用丰富的图书馆藏资源

利用电子专业书籍、电子杂志、万方数字化期刊、万方数字图书馆、万方学位论文检索、方正数字图书馆等网络电子资源，数字资源中有大量经典的和最新的单片机系统设计与调试、电路设计与制作应用的文章，是有利的参考和必要的补充。

（二）教学条件

（1）课堂教学环节：在多媒体网络教室中进行教学，要求计算机安装相关软件，包括 Proteus 7. 6、Keil uV4 或以上版本。

（2）实训环节：仿真实训需要多媒体机房，计算机要求安装相关软件，包括 Proteus 7. 6、Keil uV4 或以上版本。项目设计验证实训，在单片机实训室使用单片机实验板或实验箱对设计项目进行调试验证。

（3）课外学习环节：构建课程“学、练、核”网站平台，利用现代信息技术开发多媒体课件，通过搭建起多维、动态、活跃、自主的课程训练平台，使学生的主动性、积极性和创造性得以充分发挥和调动。

十、教学评价

本课程采取平时表现 + 基本模块能力考核 + 综合模块能力考核的评价方式，基本模块能力考核是以各单元模块训练项目的完成情况为依据，注重基本知识、基本技能掌握情况的阶段性考核及综合应用能力的考核。综合能力考核是期末对全部课程知识与能力的综合测试，采用课程设计项目的考核方式，学生独立完成提交设计报告并答辩。基本能力模块考核占40%，平时表现占20%，综合模块能力考核占40%。

撰稿人：广东科学技术职业学院　尹海昌、李　昌
河源职业技术学院　葛建新
珠海伺密控自动化科技有限公司　雷　旭

学徒岗位能力课程：电子产品物料种类与标准课程标准

一、课程名称

电子产品物料种类与标准。

二、适用专业及面向岗位

既适用于应用电子技术现代学徒制三年制专业，又适用于电子信息工程技术专业。面向电子生产企业物料员、仓管员、排产员、跟单员、采购员和生产主管等岗位。

三、课程性质

本课程是应用电子现代学徒制专业学生必修的技术性、实践性较和强的学徒岗位能力课程。本课程主要培养学生掌握物料识别、分类、采购、入库保管和发放等运用现代信息手段进行管理的知识和技能。

学习本课程前，必须先学习“电子电路调试与应用”“电子电路绘图与制版”和“计算机应用基础”三门课程。

四、课程设计

本课程采取“理实一体化”的方式进行教学，通过实物展示，讲解物料的分类及识别方法；通过选取典型电子产品案例，将产品物料采购、入库登记、保管和发放等流程环节所需知识和技能融入其中，从而实现课程的教学目标。

教学内容由 5 个学习模块组成，每个学习模块对应岗位职业能力标准要求的知识点和技能点进行设计。

五、课程教学目标

通过本课程学习，使学生掌握电子产品物料知识，能够按照企业标准储存、管理及识别物料，合理选择和使用物料，掌握成本控制方法及精益生产管理知识。

1. 知识目标

（1）掌握电子元器件的型号、规格及识别方法。

（2）掌握电子元器件识别与检测的主要标准。

（3）掌握电子产品生产物料员工作规范。

2. 能力目标

（1）能够按要求分类存放物料。

（2）能够识别、检测物料。

（3）能够根据产品订单发放物料。

（4）能够应用精益生产方法控制产品物料成本。

3. **素质目标**

（1）学习或工作认真踏实、有责任心。

（2）诚实守信，实事求是。

（3）具备良好的人际沟通能力及团队合作精神。

（4）具备分析问题及解决问题的能力。

（5）具有安全生产和环保意识，遵守相关的法律法规。

六、参考学时与学分

（一）二年制

无要求。

（二）三年制

建议学时：理论24学时，实践12学时，共36学时。

参考学分：2学分。

七、课程结构

电子产品物料种类与标准课程结构见表2－10。

表2－10 电子产品物料种类与标准课程结构

序号	学习任务（单元、模块）	对接典型工作任务及职业能力要求	知识、技能、态度要求	教学活动设计	学时
1	电子产品物料种类的识别	01－01－07 03－01－02 03－02－04	（1）掌握电子元器件及PCB焊接知识 （2）能够使用PCB软件 （3）能够识别芯片/元件/器件/模块等材料实物	**教学活动：** （1）采用PPT、虚拟教学软件和典型产品录像介绍电子产品物料 （2）采用实物教学，使学生建立对元器件和材料的感性认识 （3）分组讨论，加强元器件识别能力 **教学内容：** （1）电子产品物料的识别 （2）PCB设计软件 （3）元器件焊接、拆焊技能	6

（续上表）

序号	学习任务（单元、模块）	对接典型工作任务及职业能力要求	知识、技能、态度要求	教学活动设计	学时
2	电子产品物料种类的区分与检测	21－02－06 26－05－01	（1）能够识读并正确应用芯片/元件/器件/模块等材料的规格书（Datasheet） （2）能够核对BOM资料，精通常用物料的种类、型号及规格	**教学活动：** （1）采用案例教学法，以典型产品生产过程作为教学载体，引导学生学习元件识读BOM表（元器件清单），学习识别物料、检测物料 （2）采用案例教学法，针对某种具体产品，引导学生学习识别元器件，按照BOM表领取元器件 **教学内容：** （1）电子产品物料规格书 （2）BOM资料 （3）元器件实物	6
3	电子产品物料编码	36－02－01 36－03－02 40－01－01	（1）掌握物料的分类 （2）掌握统计知识 （3）掌握物料计划管理知识	**教学活动：** （1）采用案例分析法，以典型产品物料管理为例，介绍物料编码规则 （2）采用模拟生产实践教学法，引导学生参与生产实践环节，掌握物料编码技能 **教学内容：** （1）电子产品物料编码 （2）物料统计 （3）物料需求计划编辑 （4）ERP软件系统	6
4	电子产品物料管理系统	33－01－01 40－01－02 43－01－03	（1）能够识别元件 （2）掌握ERP、OA等常用办公软件 （3）精通项目成本控制技巧	**教学活动：** （1）介绍主流的ERP软件系统，采用案例分析法，介绍ERP物料管理系统运行案例 （2）采用模拟生产实践教学法引导学生学习，	8

（续上表）

序号	学习任务（单元、模块）	对接典型工作任务及职业能力要求	知识、技能、态度要求	教学活动设计	学时
4	电子产品物料管理系统			利用 ERP 系统进行产品物料管理 **教学内容：** （1）电子产品物料 （2）ERP、OA 等办公软件 （3）项目成本控制	8
5	物料员工作岗位规范	33－01－04 33－03－03 35－02－01 36－03－02 41－01－02 43－05－03	（1）能够采购和检验物料，掌握物料的特性 （2）掌握物料的分类 （3）掌握统计知识 （4）能够按照物料收发及配送流程操作 （5）能够持续学习新的专业技术能力	**教学活动：** （1）采用角色扮演法，学生分组参与物料员岗位实践，学习物料的管控与分发 （2）采用模拟生产实践教学法，引导学生学习物料管理知识和技能 **教学内容：** （1）物料采购与管理 （2）物料员工作岗位职责 （3）物料配送流程	10
合计					36

注：“对接典型工作任务及职业能力要求”栏目下的编码与本书附录“1. 现代学徒制应用电子技术专业职业能力分析表”中的编码一致。

八、资源开发与利用

（一）教材编写与使用

教材的选用与编写必须依据本课程标准。与电子行业知名企业开展深度合作，充分融入企业相关教学资源，了解新器件、新材料，以企业的典型产品案例为载体实施教学，案例内容选取要符合本课程的知识结构顺序及工作逻辑，具有全面性和直观性，让学生在企业真实环境中完成产品案例物料采购、登记入库、保管及发放，并在此过程中掌握物料系统管理知识和职业技能。

（二）数字化资源开发与利用

以精品开放课程为平台积极开发数字化教学资源，包括课程标准、教学案例、实训指导书、授课计划等教学文件，课件、习题库、在线测试、企业案例库等数字资源，教学视频、设备操作演示动画等视频资源。建立互动交流网络学习平台。

九、教学建议

（一）教学方法

（1）本课程教学建议在专业理实一体化教室进行，讲授基本的理论知识，与实践教学交替开展。

（2）实践教学在企业生产车间进行，与理论知识交替进行，选取合作企业真实生产过程开展案例教学。

（3）在生产车间，可分组安排学生进行批量化跟岗学习。

（二）教学条件

（1）应提供能够满足一个教学班上课需要的多媒体教室一间，用于教师讲授课程现场教学前学生必须掌握的专业理论知识。

（2）应提供实施现场教学所需要的校内外生产性合作企业 2～3 家，用于实施学生跟岗学习。

（3）任课教师应熟悉电子产品生产企业各个一线岗位所需知识和技能。

十、教学评价

本课程采用以过程考核为主的多元化评价方式，考核分为过程考核、目标考核和企业实习考核三部分，各部分所占比例如表 2－11 所示。

表 2－11　教学评价

考核方式	考核标准	占比
过程考核	按学习内容、生产性实训等教学过程考核标准要求进行过程考核	40%
目标考核	按 SMT 行业职业能力评价体系标准进行理论和技能考核	30%
企业实习考核	按企业岗位要求考核学生顶岗实践职业能力和职业素养（态度、作风等），由企业导师进行考核	30%

过程性考核要求：

（1）注重安全文明生产及安全操作规范。

（2）学习及实践态度。

（3）方案制订及操作执行能力。

（4）过程文件制作整理及结果。

撰稿人：广东科学技术职业学院　王红梅、王海峰
珠海市鑫润达电子有限公司　唐海燕

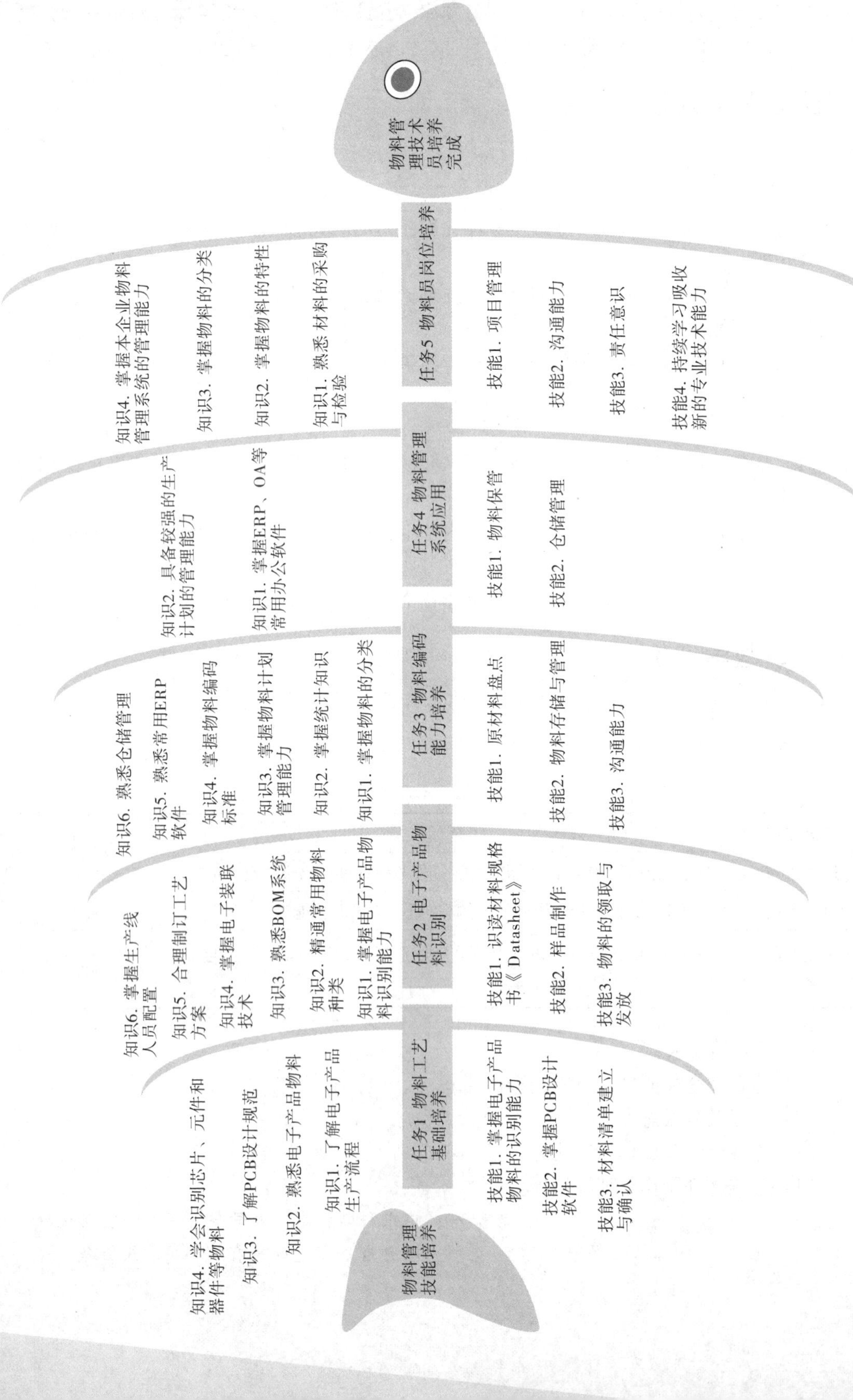

附图 电子产品物料种类与标准课程之项目——物料管理技术员培养

学徒岗位能力课程：电子产品印刷技术与实践课程标准

一、课程名称

电子产品印刷技术与实践。

二、适用专业及面向岗位

既适用于应用电子技术现代学徒制三年制专业，又适用于电子信息工程技术专业。面向电子产品印刷岗位。

三、课程性质

本课程是应用电子现代学徒制专业学生必修的技术性、实践性较强的学徒岗位能力课程。本课程主要培养学生掌握印刷设备工作原理、印刷模具设计与制作、点胶与印胶技术、锡膏印刷技术及缺陷识别等知识。

学习本课程前，必须先学习“电子电路调试与应用”和“电子电路绘图与制版”两门课程，可同时修学“SMT 贴片技术与实践”“电子产品焊接技术与实践”和“电子产品检测技术与实践”三门课程。

四、课程设计

根据应用电子技术现代学生制专业职业岗位技能培养要求，本课程采用校企双导师轮流训教，在岗培养以企业真实产品为载体，以培养企业真实岗位电子产品印刷设备使用、印刷模具设计与制作等技能为目标设计教学模块内容，理论部分由学校导师授课，理论授课完成后，学生必须由企业导师指导进行在岗实践。

教学内容由 5 个学习模块组成，每个学习模块对应岗位职业能力标准要求所需的知识点和技能点进行设计。

五、课程教学目标

通过本课程学习，让学生掌握电子产品印刷工艺流程、印刷设备参数设置及操控等技能，通过在岗实践，使学生具备从事电子产品印刷岗位的技能及职业素质。

1. 知识目标

（1）掌握电子产品印刷工艺流程知识。

（2）掌握电子产品印刷模具设计及制作知识。

（3）掌握电子产品印刷机工艺参数设置知识。

（4）掌握电子产品点胶与印胶知识。

（5）掌握电子产品锡膏印刷技术及缺陷识别方法知识。

2. 能力目标

（1）能根据产品要求设计并制作印刷模板。

（2）能根据产品情况点胶或印胶电子线路板。

（3）能根据产品生产要求设置印刷机工艺参数。
（4）能操控印刷设备对电子产品进行锡膏印刷。
（5）能识别产品印刷缺陷并进行故障处理。
3. **素质目标**
（1）具备记录、收集、整理各类技术资料及编制技术方案的基本能力。
（2）具有制订工作计划步骤、提出解决实际问题的思路。
（3）有责任心，具备团队协作精神。
（4）爱岗敬业，吃苦耐劳。
（5）具备良好的人际沟通能力及心理承受力。
（6）具有安全生产和环保意识，遵守相关的法律法规。

六、参考学时与学分

（一）二年制

参考学时：理论36学时，实践36学时，共72学时。
参考学分：4学分。

（二）三年制

参考学时：理论36学时，实践72学时，共108学时。
参考学分：6学分。

七、课程结构

电子产品印刷技术与实践课程结构见表2-12。

表2-12 电子产品印刷技术与实践课程结构

序号	学习任务（单元、模块）	对接典型工作任务及职业能力要求	知识、技能、态度要求	教学活动设计	学时
1	SMT电子器件、锡膏知识	01-01-07 05-01-01	（1）掌握SMT方面电子器件知识 （2）掌握锡膏知识 （3）掌握锡膏使用	**教学活动：** （1）教师讲解元器件知识、极性器件识别和芯片封装知识 （2）教师讲解锡膏存储和使用要求 （3）学生分组识别锡膏、回温、搅拌及存储锡膏 **教学内容：** （1）电子器件 （2）锡膏知识 （3）锡膏存储及使用知识 （4）锡膏搅拌操作等	20

（续上表）

序号	学习任务（单元、模块）	对接典型工作任务及职业能力要求	知识、技能、态度要求	教学活动设计	学时
2	手工印刷工艺	03－05－01 03－05－03	（1）掌握刮板的相关知识 （2）掌握印刷方法及印刷步骤	**教学活动：** （1）教师讲解刮刀功能、类型和使用方法 （2）教师讲解钢网相关知识 （3）分组让学生认识刮刀、钢网和手动印刷机 （4）教师讲解定位、印刷等手动印刷操作 （5）学生分组实践，手动印刷某一电子产品 **教学内容：** （1）刮刀知识 （2）钢网知识 （3）手动锡膏印刷机操作 （4）印刷实践	22
3	SMT 设备设置及参数设定	13－03－08 27－05－02	（1）掌握印刷设备工作原理及结构特点 （2）能够正确设置电子产品印刷工艺参数	**教学活动：** （1）教师讲解自动印刷设备工作原理及结构特点 （2）教师讲解自动印刷设备设置和参数设定 （3）教师讲解自动印刷设备的使用与生产 （4）学生分组操作印刷设备编程和设定 （5）岗位实践 **教学内容：** （1）自动印刷设备工作原理及结构特点 （2）自动印刷设备设置和参数设定 （3）自动印刷设备的使用与生产 （4）岗位实践	22

（续上表）

序号	学习任务（单元、模块）	对接典型工作任务及职业能力要求	知识、技能、态度要求	教学活动设计	学时
4	自动印刷工艺	13－03－02 26－04－03 27－05－07	（1）掌握模板设计和制作相关工艺 （2）能够执行点胶、印刷自动生产	**教学活动：** （1）教师讲解印刷模板的设计和制作相关工艺 （2）教师讲解点胶工艺 （3）教师讲解自动生产印刷工艺 （4）学生分组进行点胶和印刷工艺操作 （5）教师讲解印刷设备维护保养知识 （6）分组开展岗位实践 **教学内容：** （1）印刷模板设计和制作相关工艺 （2）点胶工艺 （3）自动生产印刷工艺 （4）印刷设备维护保养知识 （5）岗位实践	24
5	异常分析	31－01	（1）掌握印刷质量标准 （2）能够分析印刷缺陷并解决	**教学活动：** （1）教师讲解印刷常见问题 （2）教师讲解印刷质量标准 （3）准备一些印刷不良的电路板供学生增加认识 （4）对印刷不良等问题进行原因分析并解决 （5）对印刷设备简单故障进行排查讲解和实践 **教学内容：** （1）印刷常见问题 （2）印刷质量标准 （3）针对印刷不良等问题进行原因分析和解决 （4）印刷设备简单故障处理	20
合　计					108

注："对接典型工作任务及职业能力要求"栏目下的编码与本书附录"1. 现代学徒制应用电子技术专业职业能力分析表"中的编码一致。

八、资源开发与利用

（一）教材编写与使用

教材应以电子产品生产企业最常用、最典型及技术性能最先进的印刷设备为依托，以典型电子产品印刷工艺实现过程为素材进行编写，融入现场教学、理实一体化和案例教学法等理念，校企人员共同编写，要体现先进性、通用性和实用性。反映新技术和新工艺，体现区域产业特点。项目设计要具体、可操作。

教材选用应考虑高职学生的学习特点，体现直观性和实物性。

（二）数字化资源开发与利用

以精品开放课程为平台积极开发数字化教学资源，包括课程标准、教学案例、实训指导书、授课计划等教学文件，课件、习题库、在线测试、企业案例库等数字资源，教学视频、设备操作演示动画等视频资源。建立互动交流网络学习平台。

可利用的网络学习资源：表面组装技术（http://www.icourses.cn/coursestatic/course_6482.html、http://www.icourses.cn/coursestatic/course_6420.html）、印刷机原理及结构（http://www.icourses.cn/coursestatic/course_6778.html）、印刷工艺（http://www.icourses.cn/coursestatic/course_6350.html）。

九、教学建议

（一）教学方法

（1）本课程教学建议在专业理论教室和生产车间进行，项目载体中的理论知识建议由学校教师进行在岗实践前讲解，项目产品印刷工艺实现过程由企业导师在生产车间印刷设备操控岗位上教授。

（2）教学过程中，根据学生的认知水平和对专业技能掌握的情况，因材施教，认真指导。

（3）教学中要结合教学内容的特点，努力培养学生的自学能力和创新精神，提高其分析问题、解决问题的能力。

（4）重视学生之间的团结和协作，培养共同解决问题的团队精神。

（5）注意培养学生吃苦耐劳、工作踏实的作风。

（6）关注电子信息技术的新发展，适时引进新的教学内容。

（二）教学条件

（1）应提供能够满足一个教学班上课需要并安装了印刷设备软件的多媒体课室，便于教师讲授电子产品印刷设备结构、工作原理、相关设备参数设置及操作方法。

（2）应提供包含全自动锡膏印刷机、贴片机、回流焊接机、光学检测设备等在内的

SMT 全自动生产线至少一条；插件线及装配线若干；各类生产检测仪器及焊接工具、设备等若干，便于学生在企业真实生产岗位学习岗位实践技能。

（3）实行校企双导师授课，企业导师应在电子产品设计或生产企业从事技术岗位工作至少 3 年以上，熟悉企业典型印刷设备工作原理及使用技能，熟悉印刷模具设计与制作及印刷缺陷识别与处理等相关技能。

十、教学评价

本课程采用以过程评价为主的多元化评价方式，考核分为过程考核、目标考核和企业实习考核三部分，各部分所占比例如表 2－13 所示。

表 2－13 教学评价

考核方式	考核标准	占比
过程考核	按学习内容、生产性实训等教学过程考核标准要求进行过程考核	40%
目标考核	按 SMT 行业职业能力评价体系标准进行理论和技能考核	30%
企业实习考核	按企业岗位要求考核学生顶岗实践职业能力和职业素养（态度、作风等），由企业导师进行考核	30%

过程性考核要求：

（1）注重安全文明生产及安全操作规范。

（2）学习及实践态度。

（3）方案制订及操作执行能力。

（4）过程文件制作整理及结果。

撰稿人：广东科学技术职业学院　冯海杰、王红梅
珠海市鑫润达电子有限公司　杜　欣

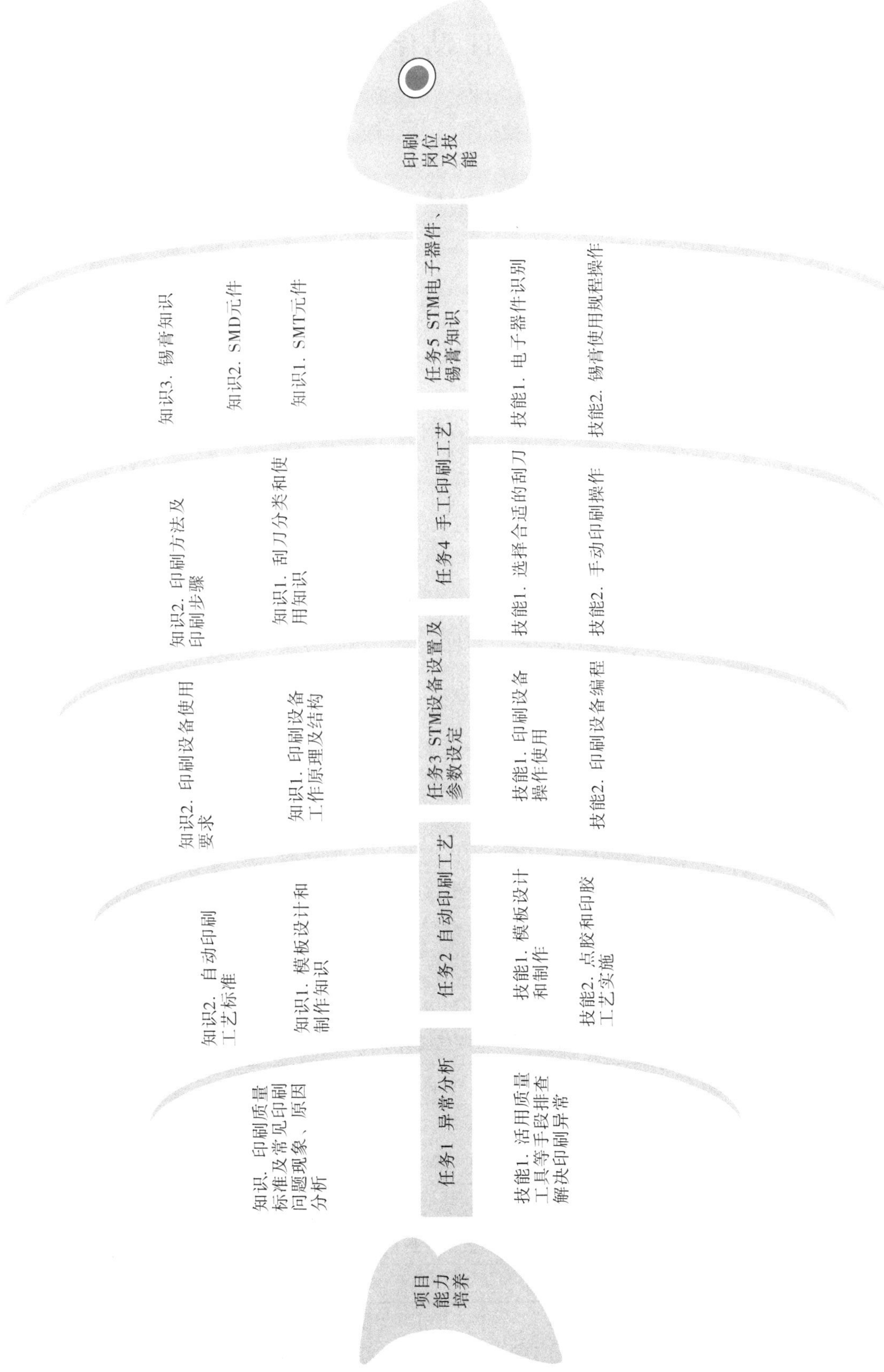

附图 电子产品印刷技术与实践课程之项目——印刷岗位能力培养

学徒岗位能力课程：SMT 贴片技术与实践课程标准

一、课程名称

SMT 贴片技术与实践。

二、适用专业及面向岗位

既适用于应用电子技术现代学徒制专业，又适用于电子信息工程技术专业。面向电子产品生产制造设备操控、产品工艺编制、贴片设备维修等岗位。

三、课程性质

本课程是高职应用电子专业学生必修的技术性、实践性较强的学徒制岗位能力课程。通过本课程的学习，使学生具备从事电子产品生产工艺编制、SMT 贴片设备操控及维修、电子产品贴片故障诊断与改进等方面的专业知识及技能。为后续电子产品焊接、检测等专业课程的学习打下基础。

学习此课程前，应先学习“电子电路调试与应用”“电子电路绘图与制版”“电子产品印刷技术与实践”“电子产品物料种类与标准”等课程。

四、课程设计

根据应用电子技术专业现代学徒制人才培养目标及教学要求，参照国家人力资源和社会保障部颁发的“电子设备装接工”（SMT）职业资格标准，在教学设计时，应把握以下几个原则：

（1）以企业真实产品为教学项目载体，以工作过程为导向，将完成产品生产所必需的应知应会的专业理论知识，充分融入项目载体中。

（2）教学采用多媒体 + 现场教学相结合的模式。

（3）校企双导师共同实施教学，理论教学以学校导师为主，现场教学以企业导师为主。

课程模块项目如表 2 – 14 所示。

表 2 – 14 课程模块项目

模块	项目	学时
SMT 贴装生产准备	跑马灯生产准备	4
	桌面上可播报的数字钟生产准备	4
SMT 手工贴装	跑马灯手工贴片	4
SMT 全自动贴装	桌面上可播报的数字钟自动贴装	20
SMT 贴装制作首件	蓝牙音箱	4

五、课程教学目标

通过本课程学习，让学生掌握SMT生产贴片工艺流程、贴片机工艺参数设置、贴片编程、贴片缺陷识别及改进、贴片设备检测与维修等知识和技能，通过在岗实操，培养学生的岗位能力及职业素养。

1. **知识目标**

（1）掌握SMT贴片工艺流程知识。

（2）掌握SMT贴片机工艺参数设置知识。

（3）掌握SMT贴片机编程技术。

（4）掌握SMT贴片技术及缺陷识别方法知识。

（5）掌握SMT设备检测与维修知识。

2. **能力目标**

（1）能够进行电子产品贴片工艺生产。

（2）能根据产品生产要求设置贴片机工艺参数。

（3）能根据产品生产要求编制贴片工艺程序。

（4）能识别产品贴片缺陷并改正贴片工艺。

（5）能够判断贴片设备故障并检修。

3. **素质目标**

（1）具备一定的生产管理及统筹规划能力。

（2）具备从事专业工作安全生产、环保、职业道德等意识，能遵守相关的法律法规。

（3）具备良好的沟通表达能力及团队协作精神。

（4）爱岗敬业，勤奋好学，具备学习新知识及创新能力。

六、参考学时与学分

（一）二年制

参考学时：理论36学时，实践54学时，共90学时。

参考学分：5学分。

（二）三年制

参考学时：理论36学时，实践72学时，共108学时。

参考学分：6学分。

七、课程结构

SMT贴片技术与实践课程结构见表2-15。

表 2－15　SMT 贴片技术与实践课程结构

序号	学习任务（单元、模块）	对接典型工作任务及职业能力要求	知识、技能、态度要求	教学活动设计	学时
1	SMT 贴装生产准备	01－01－07 26－01－01 26－01－02 26－03－01 26－03－02 26－05－01	（1）理会作业指导书里的工艺要求 （2）掌握常用专业术语 （3）掌握贴片机分类与结构 （4）掌握贴片机的主要技术参数 （5）掌握 SMT 元器件的型号、规格及识别方法 （6）熟悉操作及检测贴片机设备 （7）掌握 SMT 生产工艺流程的设计 （8）掌握贴片工艺方法	**教学活动：** 使用 SMT 生产车间对 SMT 设备的讲解及识别方法、工艺流程设计、生产准备 **教学内容：** （1）跑马灯生产准备 （2）桌面上可播报的数字钟生产准备	22
2	SMT 手工贴装	27－01－01 27－01－02 27－01－04	（1）掌握表面组装元器件识别及稽核方法 （2）掌握接料带特性、规格及使用方法 （3）掌握手工贴片方法 （4）能识别 SMT 元器件的型号、规格方法	**教学活动：** 使用 SMT 生产车间的手工贴片设备讲解及操作贴片方法、SMT 元器件的型号、规格方法 **教学内容：** 跑马灯手工贴片	26
3	SMT 全自动贴装	27－05－02 27－05－06	（1）掌握贴片机开机流程及贴片机操作作业方法 （2）会使用接料带 （3）掌握贴片机在线编程方法，掌握离线编程方法 （4）掌握供料器使用作业方法 （5）掌握上料、换料作业方法 （6）掌握贴片组装检测作业方法，具有现场分析、解决贴片组装不良问题能力 （7）掌握贴片关机流程及需注意的问题 （8）掌握自动贴片作业方法	**教学活动：** 使用 SMT 生产车间的全自动 SMT 设备的讲解及操作方法、编程方法、供料器使用方法 **教学内容：** 桌面上可播报的数字钟自动贴装	38

（续上表）

序号	学习任务（单元、模块）	对接典型工作任务及职业能力要求	知识、技能、态度要求	教学活动设计	学时
4	SMT 贴装制作首件	26－06－01 26－06－02	（1）掌握首件贴片及检测内容和方法，知晓贴片组装作业标准 （2）掌握 SMT 制程重点、难点工艺管控 （3）掌握 SMT 生产加工的组织与管理 （4）掌握 SMT 生产过程中的质量管理知识	**教学活动：** 使用 SMT 生产车间的全自动 SMT 设备制作首件方法、SMT 生产加工的组织与管理 **教学内容：** 蓝牙音箱产品制作	22
合　计					108

注："对接典型工作任务及职业能力要求"栏目下的编码与本书附录"1. 现代学徒制应用电子技术专业职业能力分析表"中的编码一致。

八、资源开发与利用

（一）教材编写与使用

教材应以电子产品生产企业最常用、最典型及技术性能最先进的 SMT 贴片加工设备为依托，以典型电子产品贴片生产工艺项目为素材编写，融入"现场教学""理实一体化""案例教学法"等理念，校企人员共同编写，要体现先进性、通用性、实用性。反映新技术、新工艺，体现区域产业特点。项目设计要具体、可操作。

（二）数字化资源开发与利用

以精品开发课程为平台积极开发数字化教学资源，包括课程标准、教学案例、实训指导书、授课计划等教学文件，建设课件、习题库、在线测试、企业案例库等数字资源，搜集教学视频、设备操作演示动画等视频资源。建立互动交流网络学习平台。

（三）企业岗位培养资源的开发与利用

利用校内外教学企业实训条件，将教学与实训合一，不仅在规定的实训课时间，而且在业余时间和节假日时间对学生开放，满足学生综合职业能力培养的要求。

九、教学建议

（一）教学方法

（1）本课程教学实施建议在专业理论教室和生产车间进行，项目载体中的理论知识建议由学校教师进行生产前的讲解；项目产品贴片加工过程由企业导师在生产车间岗位上教授。

（2）应加强对学生实际职业能力的培养，强化案例教学或项目教学，注重以任务引领型案例或项目诱发学生兴趣，使学生在项目活动中掌握相关的知识和技能。

（3）应以学生为本，注重“教”与“学”的互动。通过引导学生参加技能竞赛及选取典型项目产品，由教师提出要求或示范，组织学生进行活动，让学生在活动中提高设计能力及操作能力。

（4）注重职业情景的创设，提高学生岗位适应能力。

（5）教师必须重视实践，更新观念，走产、学、研相结合的道路，探索中国特色职业教育的新模式，为学生提供自主发展的时间和空间，积极引导学生提升职业素养，努力提高学生的创新能力。

（二）教学条件

（1）应提供能够满足一个教学班上课需要，安装有 SMT 仿真软件的多媒体课室，便于教师讲授项目相关理论，供学生开展岗前 SMT 设备参数设置、设备编程及操控等技能仿真练习用。

（2）应提供包含全自动锡膏印刷机、贴片机、回流焊接机、光学检测设备等在内的 SMT 全自动生产线至少一条，插件线及装配线若干，各类生产检测仪器及设备等若干，便于学生在企业真实生产岗位学习岗位实践技能。

（3）实行校企双导师授课，企业导师应在电子产品设计或生产企业从事技术岗位工作至少 3 年，熟悉 SMT 生产设备工艺编制、设备编程及操控等技能。

十、教学评价

本课程采用以过程考核为主的多元化考核方式，考核分为过程考核、目标考核和顶岗实践考核三部分，各部分所占比例如表 2-16 所示。

表 2-16　教学评价

考核方式	考核标准	占比
过程考核	按学习内容、生产性实训等教学过程考核标准要求进行过程考核	40%
目标考核	按 SMT 行业职业能力评价体系标准进行理论和技能考核	30%
顶岗实践考核	按企业岗位要求考核学生顶岗实践职业能力和职业素养（态度、作风等），由企业导师进行考核	30%

过程性考核要求：

（1）注重安全文明生产及安全操作规范。

（2）学习及实践态度。

（3）方案制订及操作执行能力。

（4）过程文件制作整理及结果。

撰稿人：广东科学技术职业学院　黄进财、王红梅
珠海迈科智能科技股份有限公司　谢　辉

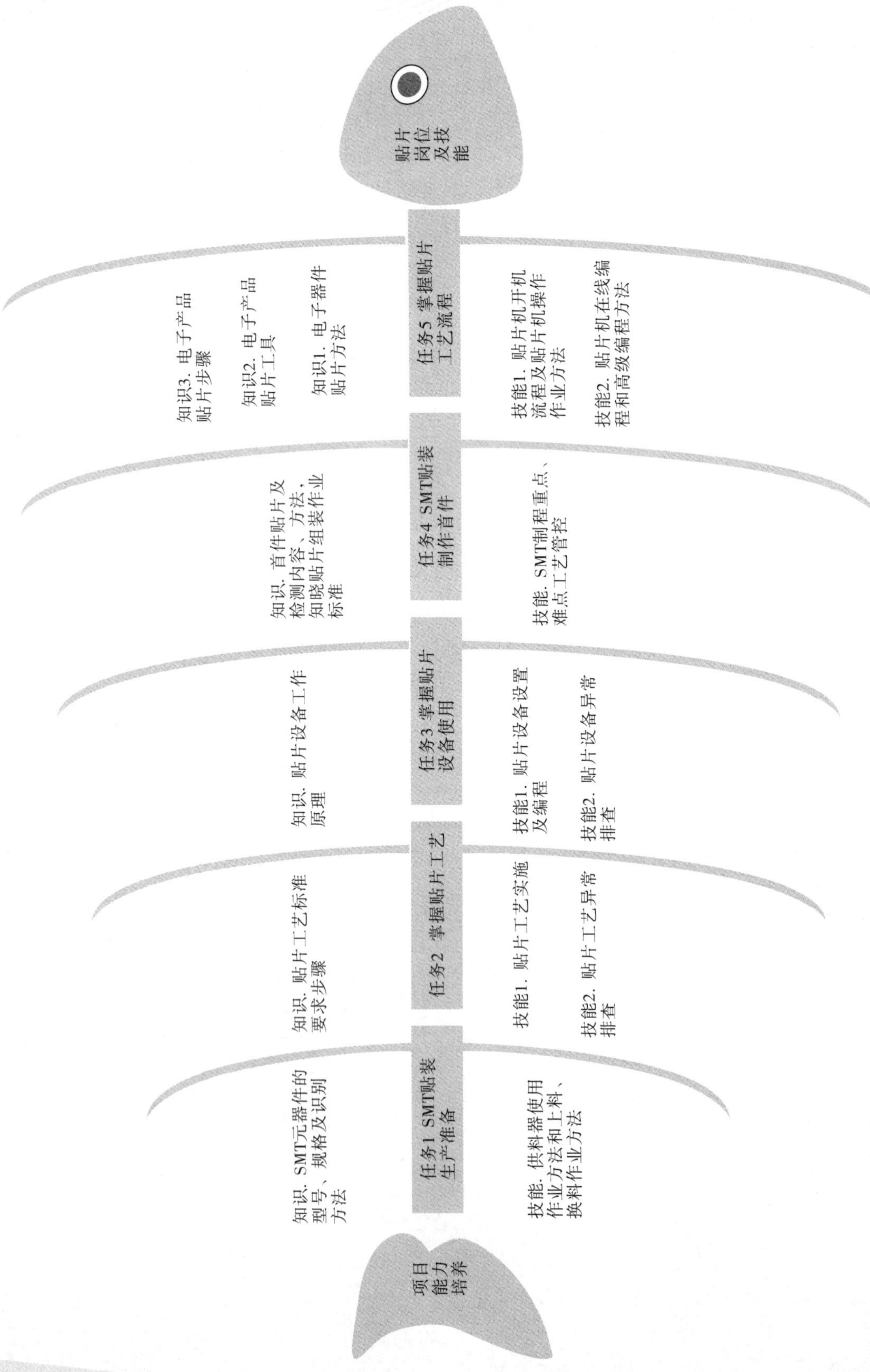

附图 SMT贴片技术与实践课程之项目——贴片能力培养

学徒岗位能力课程：电子产品焊接技术与实践课程标准

一、课程名称

电子产品焊接技术与实践。

二、适用专业及面向岗位

既适用于三年制应用电子技术现代学徒制专业，又适用于电子信息工程技术专业。面向电子产品焊接岗位。

三、课程性质

本课程是高职应用电子现代学徒制专业学生必修的技术性、实践性较强的学徒岗位能力课程。该课程主要培养学徒掌握电子产品焊接仪器、设备结构、参数设置及操控等技能，通过本课程学习，使学徒能够熟练地进行电子产品手工焊接、设置及操控自动化焊接设备温度曲线、分析及解决产品焊接故障缺陷等能力。

学习该课程前，必须学习“电子电路调试与应用”“电子电路绘图与制版”“电子产品印刷技术与实践”“SMT 贴片技术与实践”四门课程。

四、课程设计

根据应用电子技术现代学徒制专业职业岗位技能培养要求，本课程采用校企双导师轮流训教，在岗培养，以企业真实产品为载体，以培养企业真实岗位设备操控与维修技能为目标设计教学模块内容，理论部分由学校导师授课，理论授课完成后，学徒必须由企业导师指导进行在岗实践。

教学内容由 5 个学习模块组成，每个学习模块对应岗位职业能力标准要求的知识点和技能点进行设计。

五、课程教学目标

通过本课程学习，让学生具备电子产品焊接设备操控、温度曲线工艺设置、产品焊接缺陷分析及故障处理等能力，通过在岗实践，培养学生从事电子产品生产岗位技能及职业素质。

1．知识目标

（1）掌握电子产品焊接设备工作原理。

（2）掌握电子产品焊接设备技术参数。

（3）掌握电子产品焊接温度曲线工艺设置方法。

（4）掌握电子产品焊接缺陷分析及处理方法。

2. **能力目标**

（1）能够根据电子产品生产要求正确设置焊接设备温度曲线工艺参数。

（2）能够正确操作焊接设备对产品进行焊接。

（3）能够分析产品焊接缺陷并进行问题解决。

3. **素质目标**

（1）具备记录、搜集、整理各类技术资料及技术方案并进行编制的基本能力。

（2）具有制订工作计划步骤，提出解决实际问题的思路。

（3）有责任心，具备团队协作精神。

（4）爱岗敬业，吃苦耐劳。

（5）具备良好的人际沟通能力及心理承受力。

（6）具有安全生产和环保意识，遵守相关的法律法规。

六、参考学时与学分

（一）二年制

参考学时：理论 36 学时，实践 54 学时，共 90 学时。
参考学分：5 学分。

（二）三年制

参考学时：理论 36 学时，实践 72 学时，共 108 学时。
参考学分：6 学分。

七、课程结构

电子产品焊接技术与实践课程结构见表 2－17。

表 2－17　电子产品焊接技术与实践课程结构

序号	学习任务（单元、模块）	对接典型工作任务及职业能力要求	知识、技能、态度要求	教学活动设计	学时
1	焊接原理及焊接器件认知	27－02－01	（1）掌握基本焊接原理 （2）掌握焊接涉及的焊料、活化剂等材料特性 （3）掌握焊接类型及焊接温度等 （4）掌握电子焊接常用元器件 （5）掌握电子器件的非极性器件和极性器件知识	**教学活动：** （1）教师通过剖析焊接，讲解焊接基本原理 （2）讲解焊接分类、焊料分类和焊接温度知识 （3）教师讲解元器件知识、极性器件识别和芯片封装知识 （4）学生问答，涉及极性器件阳极和芯片管脚识别	20

（续上表）

序号	学习任务（单元、模块）	对接典型工作任务及职业能力要求	知识、技能、态度要求	教学活动设计	学时
1	焊接原理及焊接器件认知		（6）掌握极性器件的原理图和实物记性识别 （7）掌握芯片封装知识和芯片第一管脚的识别	**教学内容：** （1）焊接原理 （2）焊接材料 （3）焊接类型 （4）焊接温度 （5）元器件认知 （6）器件极性判定 （7）芯片封装和管脚识别	20
2	手工焊接技术	03－02－02 27－02－02 03－05－02	（1）认识焊接工具 （2）能够使用焊接工具进行手工焊接 （3）能够使用焊接工具进行手工返修	**教学活动：** （1）教师讲解焊接工具基本原理、结构和分类 （2）焊接工具的基本使用步骤 （3）焊接不同类型器件的步骤，重点讲解焊接芯片的要点 （4）准备一些焊接不良的电路板供学生识别并进行补焊 **教学内容：** （1）焊接工具基本原理、结构和分类 （2）手工焊接步骤、要点和注意事项 （3）焊接不良的识别 （4）手工补焊的步骤和判定标准	20
3	焊接设备及其参数设定	13－03－08 27－02－04	（1）掌握生产线自动焊接知识 （2）掌握波峰焊焊接设备结构及工作原理 （3）掌握回流焊焊接设备结构及工作原理	**教学活动：** （1）教师在课堂上讲解生产线焊接流程 （2）教师讲解波峰焊焊接设备结构及工作原理 （3）教师讲解回流焊焊接设备结构及工作原理 （4）带学生进车间参观，直观认识焊接设备和焊接流程	26

（续上表）

序号	学习任务（单元、模块）	对接典型工作任务及职业能力要求	知识、技能、态度要求	教学活动设计	学时
3	焊接设备及其参数设定		（4）掌握设置焊接设备技术参数 （5）会使用焊接设备	（5）在生产线焊接设备上示范技术参数设定和编程 （6）学生在教师和企业导师指导监督下操作设备 **教学内容：** （1）自动线自动焊接知识 （2）波峰焊焊接设备结构及工作原理 （3）回流焊焊接设备结构及工作原理 （4）焊接设备设定和编程 （5）焊接设备使用	26
4	焊接工艺掌握	03-05-01 03-05-03 03-05-04 27-02-03	（1）掌握焊接工艺和标准 （2）掌握焊接工艺的岗位操作	**教学活动：** （1）教师在课堂上讲解焊接工艺基本知识 （2）讲解焊接工艺标准 （3）焊接验收标准 （4）焊接工艺岗位的岗位职责和工作内容 （5）学生培训后参与焊接工艺岗位实践 **教学内容：** （1）自动线焊接工艺基本知识 （2）焊接工艺标准 （3）焊接验收要求 （4）工作岗位职责和工作要求 （5）焊接工艺实践	22

（续上表）

序号	学习任务（单元、模块）	对接典型工作任务及职业能力要求	知识、技能、态度要求	教学活动设计	学时
5	异常分析	24－01－01 24－01－02	（1）掌握焊接质量标准 （2）能够分析焊接缺陷并进行解决	**教学活动：** （1）教师讲解焊接常见问题 （2）教师讲解焊接质量标准 （3）准备一些焊接不良的电路板供学生增加认识 （4）对立碑、桥连、焊接不良等问题进行原因分析并解决 **教学内容：** （1）焊接常见问题 （2）焊接质量标准 （3）针对立碑、桥连、焊接不良等问题进行原因分析并解决	20
合　计					108

注：“对接典型工作任务及职业能力要求”栏目下的编码与本书附录“1. 现代学徒制应用电子技术专业职业能力分析表”中的编码一致。

八、资源开发与利用

（一）教材编写与使用

教材应以电子产品生产企业最常用、最典型及技术性能最先进的焊接设备为依托，以典型电子产品焊接生产工艺项目为素材编写，融入“现场教学”“理实一体化”“案例教学法”等理念，校企人员共同编写，要体现先进性、通用性、实用性。反映新技术、新工艺，体现区域产业特点。项目设计要具体、可操作。

教材选用应考虑高职学生的学习特点，具备直观性和实物性。

（二）数字化资源开发与利用

以精品开发课程为平台积极开发数字化教学资源，包括课程标准、教学案例、实训指导书、授课计划等教学文件，建设课件、习题库、在线测试、企业案例库等数字资源，教学视频、设备操作演示动画等视频资源。建立互动交流网络学习平台。

可利用下列网站进行参考和学习：表面组装技术（http://www. icourses. cn/coursestatic/course_6482. html，http://www. icourses. cn/coursestatic/course_6420. html）。

九、教学建议

（一）教学方法

（1）本课程教学实施建议在专业理论教室和生产车间进行，项目载体中的理论知识建议由学校教师进行生产前的讲解；项目产品焊接生产过程由企业导师在生产车间岗位上教授。

（2）教学过程中，根据学生的认知水平和对专业技能掌握的情况，因材施教，认真指导。

（3）教学中要结合教学内容的特点，努力培养提高学生的自学能力和创新精神，提高其分析问题、解决问题的能力。

（4）重视学生之间的团结和协作，培养共同解决问题的团队精神。

（5）注意引导学生培养吃苦耐劳、工作踏实的作风。

（6）关注 SMT 技术的新发展，适时引进新的教学内容。

（二）教学条件

（1）应提供能够满足一个教学班上课需要，安装有 SMT 仿真软件的多媒体课室，便于教师讲授项目相关理论，供学生开展岗前焊接设备参数设置及操控等技能仿真练习用。

（2）应提供包含全自动锡膏印刷机、贴片机、回流焊接机、光学检测设备等在内的 SMT 全自动生产线至少一条，插件线及装配线若干，各类生产检测仪器及焊接工具、设备等若干，便于学生在企业真实生产岗位学习岗位实践技能。

（3）实行校企双导师授课，企业导师应在电子产品设计或生产企业从事技术岗位工作至少 3 年，熟悉回流焊炉、波峰焊工作原理及操控方法，熟悉电子产品各类焊接标准等技能。

十、教学评价

本课程采用以过程考核为主的多元化考核方式，考核分为过程考核、目标考核和顶岗实践考核三部分，各部分所占比例如表 2 – 18 所示。

表 2 – 18　教学评价

考核方式	考核标准	占比
过程考核	按学习内容、生产性实训等教学过程考核标准要求进行过程考核	40%
目标考核	按 SMT 行业职业能力评价体系标准进行理论和技能考核	30%
顶岗实践考核	按企业岗位要求考核学生顶岗实践职业能力和职业素养（态度、作风等），由企业导师进行考核	30%

过程性考核要求：
(1) 注重安全文明生产及安全操作规范。
(2) 学习及实践态度。
(3) 方案制订及操作执行能力。
(4) 过程文件制作整理及结果。

撰稿人：广东科学技术职业学院　冯海杰、王红梅
珠海市鑫润达电子有限公司　连小兰

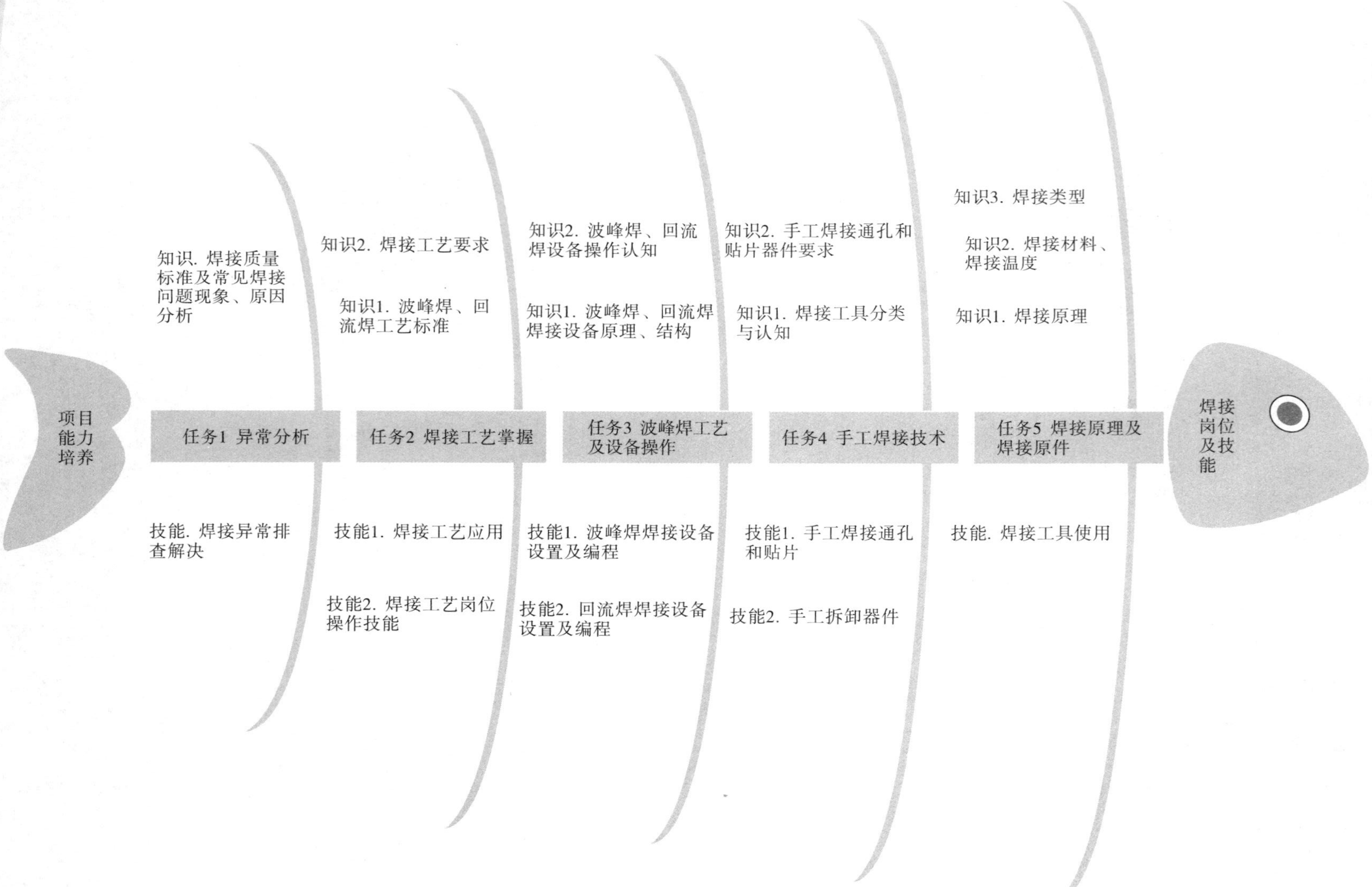

附图　电子产品焊接技术与实践课程之项目——焊接岗位能力培养

学徒岗位能力课程：电子产品检测技术与实践课程标准

一、课程名称

电子产品检测技术与实践。

二、适用专业及面向岗位

既适用于三年制应用电子技术现代学徒制专业，又适用于电子信息工程技术专业。面向电子产品检测岗位。

三、课程性质

本课程是高职应用电子现代学徒制专业学生必修的技术性、实践性较强的学徒岗位能力课程。该课程主要培养学生掌握电子产品检测工具、仪器及设备的使用技能及电子产品检测方法，具有对产品进行检测和故障修复的能力。

学习该课程前，必须学习“电子电路调试与应用”“电子电路绘图与制版”两门课程，可同时修学“电子产品印刷技术与实践”“SMT 贴片技术与实践”“电子产品焊接技术与实践”三门课程。

四、课程设计

根据应用电子技术现代学徒制专业职业岗位技能培养要求，本课程采用校企双导师轮流训教，在岗培养，以企业真实产品为载体，以培养企业真实岗位电子产品检测工具、仪器仪表及设备使用技能方法为目标设计教学模块内容，理论部分由学校导师授课，理论授课完成后，学徒必须由企业导师指导进行在岗实践。

教学内容由 5 个学习模块组成，每个学习模块对应岗位职业能力标准要求的知识点和技能点进行设计。

五、课程教学目标

通过本课程学习，培养学生掌握电子产品检测工具、仪器仪表及检测设备的类型、结构、特点、工作原理及检测标准和方法，通过在岗实践，使学生具备从事电子产品检测岗位技能及职业素质。

1. 知识目标

（1）掌握电子产品检测工具、仪器仪表及设备类型及结构特点。

（2）掌握 AOI 设备结构原理及使用标准。

（3）掌握 ICT 测试机结构原理及测试方法。

（4）掌握飞针测试与边界扫描测试方法。

（5）掌握 X 射线基本测试原理。

（6）掌握电子产品质量控制检验标准。

2. **能力目标**

（1）能够根据产品正确选择检测工具或设备进行检测方法设计。

（2）能够正确操作检测工具或设备对产品进行检测。

（3）能够应用检验标准对产品进行质量控制并对故障产品进行修复。

3. **素质目标**

（1）具备记录、搜集、整理各类技术资料及技术方案并进行编制的基本能力。

（2）能够制订工作计划步骤，提出解决实际问题的思路。

（3）有责任心，具备团队协作精神。

（4）爱岗敬业，吃苦耐劳。

（5）具备良好的人际沟通能力及心理承受力。

（6）具有安全生产和环保意识，遵守相关的法律法规。

六、参考学时与学分

（一）二年制

参考学时：理论 36 学时，实践 54 学时，共 90 学时。

参考学分：5 学分。

（二）三年制

参考学时：理论 36 学时，实践 72 学时，共 108 学时。

参考学分：6 学分。

七、课程结构

电子产品检测技术与实践课程结构见表 2 – 19。

表 2 – 19　电子产品检测技术与实践课程结构

序号	学习任务（单元、模块）	对接典型工作任务及职业能力要求	知识、技能、态度要求	教学活动设计	学时
1	电路原理和电路识别	07 – 01 – 02 10 – 02 – 03 11 – 03 – 02 21 – 01 – 01 21 – 01 – 02 21 – 01 – 03 21 – 01 – 04 22 – 03 – 01 22 – 03 – 02	（1）读懂电路原理图、PCB 图 （2）掌握产品规格书，能够操作产品的各项功能	**教学活动：** （1）教师讲解电路原理 （2）教师讲解电路原理图识读 （3）教师讲解 PCB 图和实物识读 （4）讲解某款产品规格书识读 （5）组织学生对某一个电子产品规格书识读，说出产品功能及使用说明 **教学内容：** （1）电路原理 （2）电路原理图识读 （3）PCB 图和实物识读 （4）产品规格书识读	20

（续上表）

序号	学习任务（单元、模块）	对接典型工作任务及职业能力要求	知识、技能、态度要求	教学活动设计	学时
2	测试环境要求、仪器仪表使用及测试基本方法	21－01－05 21－01－07 21－01－10 21－01－12 22－02－01 22－02－04	(1) 掌握常用仪器仪表的特性、应用相关知识 (2) 掌握不同测试环境要求（高温、高湿、接地等） (3) 掌握电子产品测试的基本方法 (4) 掌握产品测试防护的安全措施	**教学活动：** (1) 教师讲解常用仪器仪表的特性、应用相关知识 (2) 教师讲解测试环境要求（高温、高湿、接地等） (3) 教师讲解电子产品测试的基本方法 (4) 教师讲解产品测试防护知识 (5) 分组操作万用表、示波器、信号发生器、安规仪、EMC 测试设备等 **教学内容：** (1) 常用仪器仪表的特性、应用相关知识 (2) 测试环境要求（高温、高湿、接地等） (3) 电子产品测试的基本方法 (4) 产品测试防护知识	22
3	自动化生产检测操作方法	22－03－03 22－03－04 22－03－05	(1) 掌握 AOI、ICT、X 射线检测设备工作原理、结构、特点和检测方法 (2) 掌握测试系统的操作方法	**教学活动：** (1) 教师讲解 SMT 中常用自动检测设备 AOI 检测设备工作原理、结构、特点和检测方法 (2) 教师讲解 SMT 中常用自动检测设备 ICT 检测设备工作原理、结构、特点和检测方法 (3) 教师讲解 SMT 中常用自动检测设备 X 射线检测设备工作原理、结构、特点和检测方法 (4) 教师讲解功能测试设备工作原理、结构、特点和检测方法 (5) 分组实践检测方法岗位实训	26

（续上表）

序号	学习任务（单元、模块）	对接典型工作任务及职业能力要求	知识、技能、态度要求	教学活动设计	学时
3	自动化生产检测操作方法			**教学内容：** （1）AOI检测设备工作原理、结构、特点和检测方法 （2）ICT检测设备工作原理、结构、特点和检测方法 （3）X射线检测设备工作原理、结构、特点和检测方法 （4）功能测试设备工作原理、结构、特点和检测方法 （5）岗位实训	26
4	测试记录和数据分析	22-02-02 22-02-03	（1）掌握使用仪器仪表安全操作规范 （2）能进行数据采集与记录 （3）能对数据进行统计与分析 （4）会使用设备仪器及夹具	**教学活动：** （1）教师讲解数据记录知识 （2）教师讲解数据修约知识 （3）教师讲解数据统计知识 （4）教师讲解仪器及夹具使用规程 （5）学生分组使用全自动、半自动和手动仪器进行数据采集、记录和统计分析 **教学内容：** （1）数据记录 （2）数据修约 （3）数据统计 （4）仪器及夹具使用规程 （5）岗位实践	20

（续上表）

序号	学习任务（单元、模块）	对接典型工作任务及职业能力要求	知识、技能、态度要求	教学活动设计	学时
5	测试报告撰写与质量控制	22－04－01 22－04－05 22－05－02	（1）掌握电子产品质量的客户标准及行业标准 （2）掌握常用产品问题的分析方法与分析技巧 （3）掌握质量控制点及检验标准 （4）具备数据整理、分析技能（SPC 等）	**教学活动：** （1）教师讲解电子行业测试报告标准 （2）教师讲解分析报告写作要求 （3）教师讲解质量控制标准和要求 （4）学生按照以上要求利用测试数据和产品特点撰写测试和分析报告 （5）分组岗位实践 **教学内容：** （1）电子行业测试报告标准 （2）分析报告写作要求 （3）质量控制标准和要求 （4）岗位实践	20
合　计					108

注：“对接典型工作任务及职业能力要求”栏目下的编码与本书附录“1. 现代学徒制应用电子技术专业职业能力分析表”中的编码一致。

八、资源开发与利用

（一）教材编写与使用

教材应以电子产品生产企业最常用、最典型及技术性能最先进的检测工具、仪器仪表及设备为依托，以典型电子产品检测标准及检测方法为素材编写，融入“现场教学”“理实一体化”“案例教学法”等理念，校企人员共同编写，要体现先进性、通用性、实用性。反映新技术、新工艺，体现区域产业特点。项目设计要具体、可操作。

教材选用应考虑高职学生的学习特点，具有直观性和实物性。

（二）数字化资源开发与利用

以精品开发课程为平台积极开发数字化教学资源，包括课程标准、教学案例、实训指导书、授课计划等教学文件，建设课件、习题库、在线测试、企业案例库等数字资源，教学视频、设备操作演示动画等视频资源。建立互动交流网络学习平台。

可利用下列网站进行参考和学习：表面组装技术（http://www.icourses.cn/coursestatic/course_ 6482.html，http://www.icourses.cn/coursestatic/course_ 6420.html），电器元器件检测与应用技术（http://www.icourses.cn/coursestatic/course_ 4293.html）。

九、教学建议

（一）教学方法

（1）本课程教学实施建议在专业理论教室和生产车间进行，项目载体中的理论知识建议由学校教师进行在岗实践前讲解；项目产品检测过程由企业导师在生产车间产品检测岗位上教授。

（2）教学过程中，根据学生的认知水平和对专业技能掌握的情况，因材施教，认真指导。

（3）教学中要结合教学内容的特点，努力培养提高学生的自学能力和创新精神，提高其分析问题、解决问题的能力。

（4）重视学生之间的团结和协作，培养共同解决问题的团队精神。

（5）注意引导学生培养吃苦耐劳、工作踏实的作风。

（6）关注电子信息技术的新发展，适时引进新的教学内容。

（二）教学条件

（1）应提供能够满足一个教学班上课需要，安装有检测设备软件的多媒体课室，便于教师讲授电子产品检测工具、仪器仪表及设备相关理论、检测方法。

（2）应提供包含全自动锡膏印刷机、贴片机、回流焊接机、光学检测设备等在内的SMT全自动生产线至少一条，插件线及装配线若干，各类生产检测仪器及焊接工具、设备等若干，便于学生在企业真实生产岗位学习岗位实践技能。

（3）实行校企双导师授课，企业导师应在电子产品设计或生产企业从事技术岗位工作至少3年，熟悉AOI、ICT等检测设备工作原理及使用技能，熟悉产品质量控制及检测标准等相关规则。

十、教学评价

本课程采用以过程考核为主的多元化考核方式，考核分为过程考核、目标考核和顶岗实践考核三部分，各部分所占比例如表2-20所示。

表 2－20 教学评价

考核方式	考核标准	占比
过程考核	按学习内容、生产性实训等教学过程考核标准要求进行过程考核	40%
目标考核	按 SMT 行业职业能力评价体系标准进行理论和技能考核	30%
顶岗实践考核	按企业岗位要求考核学生顶岗实践职业能力和职业素养（态度、作风等），由企业导师进行考核	30%

过程性考核要求：

（1）注重安全文明生产及安全操作规范。

（2）学习及实践态度。

（3）方案制订及操作执行能力。

（4）过程文件制作整理及结果。

撰稿人：广东科学技术职业学院 冯海杰、王红梅
珠海市鑫润达电子有限公司 唐海燕

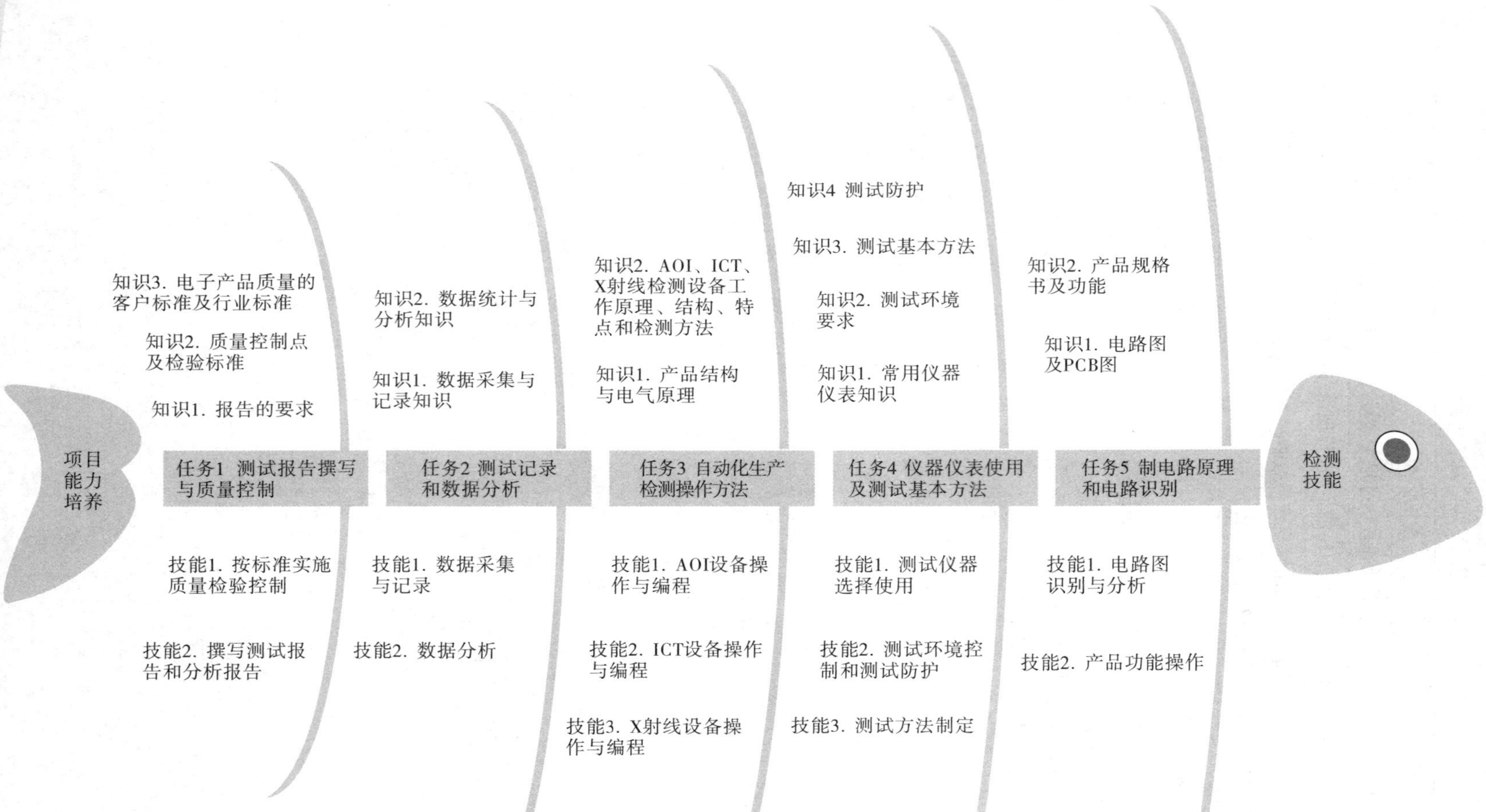

附图 电子产品检测技术与实践课程之项目——检测岗位能力培养

学徒岗位能力课程：电子产品工艺编制技术与实践课程标准

一、课程名称

电子产品工艺编制技术与实践。

二、适用专业及面向岗位

既适用于应用电子技术现代学徒制三年制专业，又适用于电子信息工程技术专业。面向电子产品生产制造工艺员、技术员、生产班组长、生产经理及厂长等岗位。

三、课程性质

本课程是高职应用电子技术现代学徒制专业必修的技术性、实践性较强的学徒岗位能力课程。该课程主要培养学徒具备根据产品生产技术要求，科学合理地编制生产工艺书并指导生产车间进行生产的能力。

学习该课程前，必须先学习“电子电路调试与应用”“电子电路绘图与制版”“电子产品印刷技术与实践”“SMT 贴片技术与实践”“电子产品焊接技术与实践”“电子产品检测技术与实践”六门课程。

四、课程设计

本课程以项目为载体，基于工作过程，将企业真实生产过程的关键知识点和技能点融入产品项目工艺文件编制与实施过程中，包括工艺准备、拟定工艺路线、工艺文件编制、审批、更改、发放、现场指导等环节，实现课程教学目标。

教学内容由 5 个学习模块组成，每个学习模块对应岗位职业能力标准要求的知识点和技能点进行设计。

五、课程教学目标

通过本课程学习，培养学生工艺编制与实施的能力，使学生具备从事电子产品生产过程工艺文件编制与实施各个环节的基本知识和基本技能，逐步培养学生分析问题、解决问题的能力及良好的职业素养。

1. 知识目标

（1）掌握电子产品生产线总体设计原则。

（2）熟悉电子产品生产设备，掌握产品生产工艺流程。

（3）掌握工艺文件设计原则。

（4）掌握工艺难点分析方法。

（5）掌握工艺文件修改流程。

（6）掌握按生产现场工艺指导方法。

2. **能力目标**

（1）能够根据产品技术要求完成工艺设计和工艺文件编辑。

（2）能够正确编制各类产品生产文件、测试工艺文件。

（3）能够进行生产现场工艺指导和工艺文件修改。

3. **素质目标**

（1）学习或工作认真踏实、有责任心。

（2）诚实守信，实事求是。

（3）具备良好的人际沟通能力及团队合作精神。

（4）具备分析问题、解决问题的能力。

（5）具有安全生产和环保意识，遵守相关的法律法规。

六、参考学时与学分

（一）二年制

参考学时：理论36学时，实践72学时，共72学时。
参考学分：6学分。

（二）三年制

参考学时：理论54学时，实践90学时，共144学时。
参考学分：8学分。

七、课程结构

电子产品工艺编制技术与实践课程结构见表2－21。

表2－21 电子产品工艺编制技术与实践课程结构

序号	学习任务（单元、模块）	对接典型工作任务及职业能力要求	知识、技能、态度要求	教学活动设计	学时
1	工艺编制准备	01－01 08－01－03 08－03－01 08－05－01 13－03－02	（1）功能/性能指标分析 （2）生产流程设计 （3）SOP制作 （4）工艺文件签核发文 （5）工艺文件编制	**教学活动：** （1）采用启发式教学，引导学生了解电子产品生产流程 （2）以典型产品为例，介绍产品SOP的制作方法，介绍产品工艺文件的签发、使用流程 **教学内容：** （1）电子产品工艺流程 （2）工艺文件编制方法 （3）工艺文件签发流程	26

（续上表）

序号	学习任务（单元、模块）	对接典型工作任务及职业能力要求	知识、技能、态度要求	教学活动设计	学时
2	拟定工艺路线、编制工艺文件	02－02 02－03 02－03－04 02－04－03 08－01－03 13－03－04	（1）设计方案制订 （2）设计方案会审 （3）评审公益性 （4）撰写技术文件 （5）编制生产流程表 （6）掌握行业工艺管理标准	**教学活动：** （1）采用案例教学法，介绍电子产品工艺设计流程，演示工艺方案设计 （2）启发式教学，引导学生了解电子行业工艺管理标准以及标准在实际产品工艺方案设计中的应用 **教学内容：** （1）工艺路线 （2）工艺文件撰写 （3）电子行业工艺管理标准	38
3	工艺文件的审批	14－01－04 15－01－02 15－02－04 15－03－04 23－01－05	（1）具备良好工艺操作技能 （2）掌握工艺标准 （3）提出整改方案并实施 （4）掌握行业标准及生产定额等相关知识 （5）具备精益生产的知识	**教学活动：** （1）采用案例教学法，介绍电子产品工艺标准，演示工艺方案设计、修改流程 （2）启发式教学，引导学生了解电子行业工艺标准以及生产定额等知识 **教学内容：** （1）工艺标准 （2）行业标准及生产定额等相关知识 （3）精益生产	28

（续上表）

序号	学习任务（单元、模块）	对接典型工作任务及职业能力要求	知识、技能、态度要求	教学活动设计	学时
4	工艺文件的更改	24-01-02 14-02-06 43-03-02 43-04-02 43-05-04	（1）掌握常用产品问题的分析方法与技巧 （2）能根据工作流程及目标展开工作 （3）掌握获取内外部客户信息的技能 （4）应用新知识、新技术到实际工作中的能力	**教学活动：** （1）采用角色扮演法，以典型产品生产过程为载体，使学生在案例模拟运行中体会工艺文件的重要性 （2）启发式教学，引导学生掌握常用的工艺问题分析方法和技巧 **教学内容：** （1）工艺文件变更流程 （2）工艺文件在企业生产经营活动中的应用 （3）客户需求在工艺文件中的体现	26
5	工艺文件发放和指导	08-05-04 13-03-01 16-01-04 30-03-01 31-01-01 43-03-05	（1）能对文件进行签发、现场指导 （2）编写作业指导书 （3）了解本企业工艺能力 （4）掌握生产制造规范要求 （5）掌握工艺标准 （6）协调、交流及沟通能力	**教学活动：** （1）采用案例教学法，以典型产品生产过程为载体，介绍工艺文件的编辑、审核和签发 （2）启发式教学，引导学生掌握工艺标准，锻炼工艺文件应用能力和沟通能力 **教学内容：** （1）工艺文件的编写、签发和应用 （2）生产制造规范 （3）工艺指导能力的培养	26
合计					144

注：“对接典型工作任务及职业能力要求”栏目下的编码与本书附录“1. 现代学徒制应用电子技术专业职业能力分析表”中的编码一致。

八、资源开发与利用

（一）教材编写与使用

教材的选用与编写必须依据本课程标准。要充分融合课程相关教学资源及电子行业新技术、新工艺，体现项目设计思想，以合作企业真实产品项目为载体实施教学，项目内容选取要科学，符合本课程的知识结构顺序及工作逻辑，具有可操作性，让学生在完成项目过程中掌握电子产品生产工艺文件编制和更改及现场指导的知识和职业技能。

（二）数字化资源开发与利用

以精品开发课程为平台积极开发数字化教学资源，包括课程标准、教学案例、实训指导书、授课计划等教学文件，建设课件、习题库、在线测试、企业案例库等数字资源，教学视频、设备操作演示动画等视频资源。建立互动交流网络学习平台。

九、教学建议

（一）教学方法

（1）本课程教学实施建议在专业理论教室和生产车间进行，在实施现场教学前，应让学生了解并掌握相关生产工艺文件编制的相关概念。

（2）现场教学，应以合作企业典型电子产品生产文件编制与实施过程为载体，在教学过程中，教师示范和学生分组讨论、训练互动交替进行，学生提问与教师解答、指导有机结合，让学生在“教”与“学”的过程中，掌握电子产品生产工艺文件编制与现场实施指导的技能和方法。

（3）在教学过程中，开展深度校企合作，引入企业真实工作情境，学生全方位参与企业产品设计与制作，使学生掌握工艺准备、拟定工艺路线、工艺文件编制、审批、更改、发放、现场指导等环节关键知识点和技能点，锻炼学生的职业能力。

（4）在教学过程中，要重视本专业行业、企业领域新技术、新工艺、新材料的发展趋势，并及时将新知识应用到教学与实践中。

（二）教学条件

（1）应提供能够满足一个教学班上课需要的多媒体教室一间，用于教师讲授课程现场教学前学生必须掌握的专业理论知识。

（2）应提供实施现场教学需要的校内外生产性合作企业 2 ~3 家，用于开展电子产品生产工艺文件编制与现场生产实施教学。

（3）任课教师应熟悉电子产品生产企业一线岗位设备操控与编程、生产物料、工艺编制与生产管理、产品质量控制等知识。

十、教学评价

本课程采用以过程考核为主的多元化评价方式，考核分为过程考核、目标考核和顶岗实践考核三部分，各部分所占比例如表 2－22 所示。

表 2－22　教学评价

考核方式	考核标准	占比
过程考核	按学习内容、生产性实训等教学过程考核标准要求进行过程考核	40%
目标考核	按 SMT 行业职业能力评价体系标准进行理论和技能考核	30%
顶岗实践考核	按企业岗位要求考核学生顶岗实践职业能力和职业素养（态度、作风等），由企业导师进行考核	30%

过程性考核要求：

（1）注重安全文明生产及安全操作规范。

（2）学习及实践态度。

（3）方案制订及操作执行能力。

（4）过程文件制作整理及结果。

撰稿人：广东科学技术职业学院　王海峰、王红梅
珠海迈科智能科技股份有限公司　彭占飞

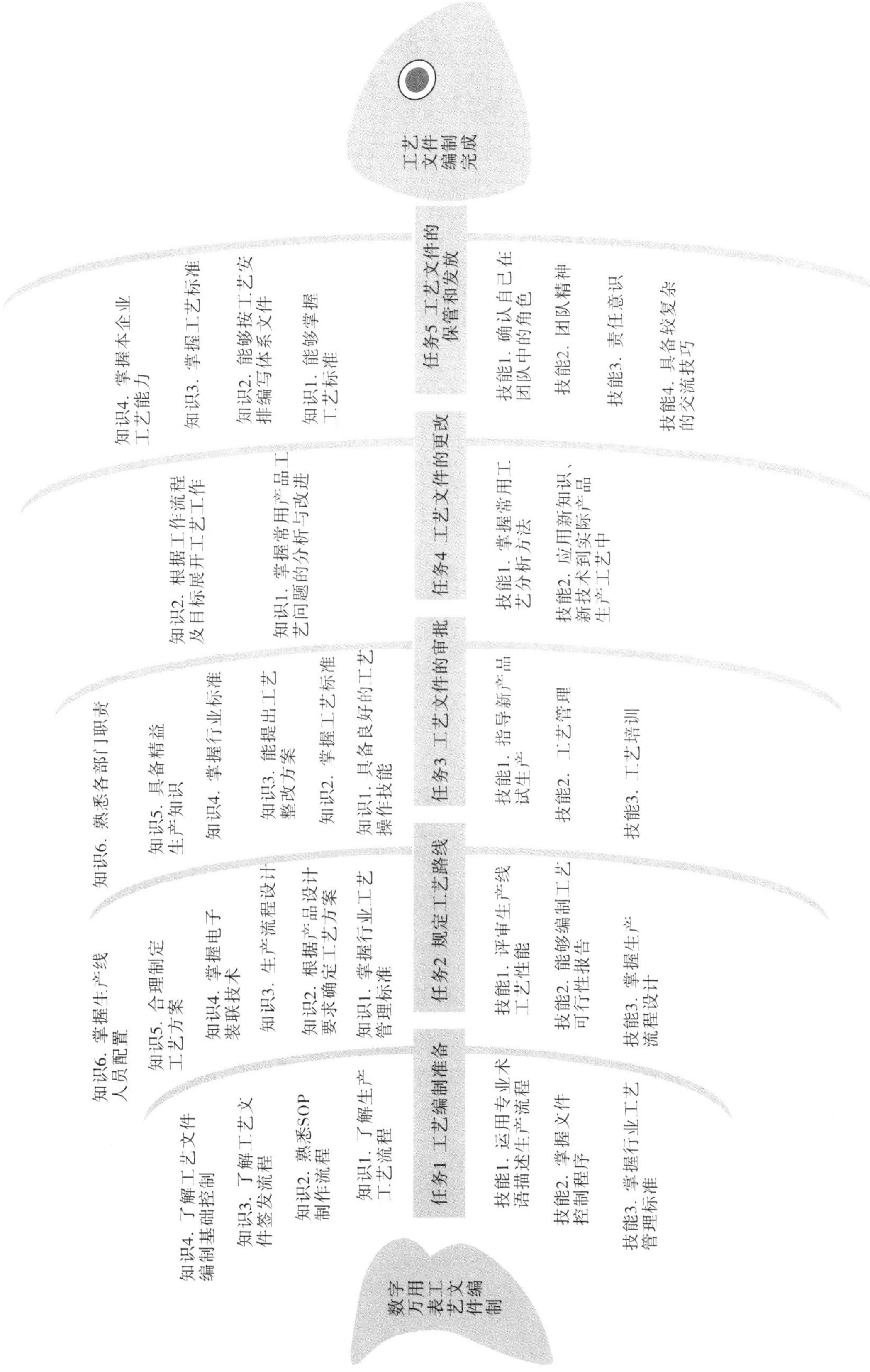

附图　电子产品工艺编制技术与实践课程之项目——数字万用表工艺文件编制

学徒岗位能力课程：ISO 9000 认证与产品质量管理课程标准

一、课程名称

ISO 9000 认证与产品质量管理。

二、适用专业及面向岗位

既适用于应用电子技术现代学徒制三年制专业，又适用于电子信息工程技术专业。面向电子产品质检员、品管员及技术员岗位。

三、课程性质

ISO 9000 认证与产品质量管理是应用电子技术专业现代学徒制学徒岗位能力课程。该课程主要培养学徒掌握 ISO 9000 质量认证体系及电子产品检验与质量管理知识，使学徒具备电子产品质量检测与管理岗位所需的技术技能，并具备电子产品生产组织协调及过程质量控制的能力。

学习该课程前，必须先学习"电子电路调试与应用""电子电路绘图与制版""电子产品印刷技术与实践""SMT 贴片技术与实践""电子产品焊接技术与实践""电子产品检测技术与实践"六门课程。

四、课程设计

本课程打破传统纯粹讲述理论知识的教学方式，利用企业项目案例，实施项目教学。把质量管理知识融入产品调试、检测工作过程中，每个项目内容以电子产品调试、检验、质量管理的工作任务为载体进行设计，以完成工作任务为核心，整合理论与实践，实现理论与实践一体化教学。

教学内容由 5 个学习模块组成，每个学习模块对应岗位职业能力标准要求的知识点和技能点进行设计。

五、课程教学目标

通过本课程学习，培养学生的质量意识，使学生具备从事电子产品生产所必需的质量管理与控制的基本知识和基本技能，逐步培养学生的辩证思维能力、严谨的工作作风和良好的职业素养。

1．知识目标

（1）理解质量和全面质量管理的基本理论知识。

（2）掌握影响产品质量主要因素的控制方法。

（3）掌握 ISO 9000：2015 质量管理体系常识。

（4）掌握实现产品质量控制的方法。

2. 能力目标

（1）能够运用 ISO 9000 质量认证体系知识，对产品生产现场进行质量控制与管理。

（2）能够分析和处理生产过程中出现的质量事故。

（3）具备实施质量管理体系内审员的能力。

（4）能够胜任电子产品质检员、品管员及技术员的工作岗位。

3. 素质目标

（1）学习或工作认真踏实、有责任心。

（2）诚实守信，实事求是。

（3）具备良好的人际沟通能力及团队合作精神。

（4）具备分析问题、解决问题的能力。

（5）具有安全生产和环保意识，遵守相关的法律法规。

（6）关心国内外质量管理发展现状与趋势，具有一定的探索精神和创新意识，能主动参与企业质量管理决策。

六、参考学时与学分

（一）二年制

参考学时：理论 36 学时，实践 18 学时，共 54 学时。

参考学分：3 学分。

（二）三年制

参考学时：理论 27 学时，实践 27 学时，共 54 学时。

参考学分：3 学分。

七、课程结构

ISO 9000 认证与产品质量管理课程结构见表 2－23。

表 2－23　ISO 9000 认证与产品质量管理课程结构

序号	学习任务（单元、模块）	对接典型工作任务及职业能力要求	知识、技能、态度要求	教学活动设计	学时
1	ISO9000 质量管理体系的基本概念和意义	08－05－01 13－03－01 19－01－02	（1）掌握文件控制程序（ISO 9001 体系）的内容 （2）编写作业指导书 （3）质量管理体系总体策划、体系文件分类 （4）生产过程控制：生产计划、作业指导书、检验标准书如何编制、分发、复印、标识和控制 （5）进行内部审核和管理评审	**教学活动：** （1）以实际案例阐述 ISO 体系的基本概念和建立意义 （2）采用头脑风暴法，分析 ISO 体系建立的方法、步骤和难点 **教学内容：** （1）ISO 9000 质量管理体系的基本概念 （2）典型案例 （3）体系审核	6

（续上表）

序号	学习任务（单元、模块）	对接典型工作任务及职业能力要求	知识、技能、态度要求	教学活动设计	学时
2	质量管理体系要求与电子产品设计、生产之间的关联	01－01－01 19－01－01 19－01－02 43－13－02	（1）界定行业技术/质量标准和规范 （2）掌握文件控制程序（ISO 9000 体系）的内容 （3）掌握 ISO 9000 的基本知识 （4）按照 ISO 9000 的要求完成日常工作 （5）预测并合理制定项目发展规划	**教学活动：** （1）采用典型的电子企业经营案例，分析 ISO 体系和电子产品生产之间的关联 （2）采用角色扮演法，阐述电子企业引入 ISO 管理体系的方式方法 **教学内容：** （1）行业技术/质量标准和规范 （2）电子产品设计、生产流程 （3）ISO 9000 体系建立与施行	12
3	电子企业质量管理体系的建立与实施	19－01－02 31－01－01 31－01－02 31－01－05	（1）掌握工艺标准 （2）掌握生产异常处理流程 （3）掌握质量标准 （4）质量管理体系总体策划、体系文件分类 （5）公司组织结构图、各部门职责和权限如何编制和批准 （6）对生产过程控制。生产计划、作业指导书、检验标准书如何编制、分发、复印、标识和控制 （7）对产品标识和可追溯性的管理 （8）进行内部审核和管理评审 （9）质量管理体系持续改进方式	**教学活动：** （1）以有一定代表意义的电子企业为例，介绍公司组织架构和各部门的职责，介绍电子产品生产流程和信息交流方法 （2）介绍企业内部审核和改进方案 **教学内容：** （1）公司组织结构和信息交流 （2）生产过程控制 （3）产品工艺控制方法 （4）企业内部审核和管理 （5）质量体系的建立与持续改进	12

（续上表）

序号	学习任务（单元、模块）	对接典型工作任务及职业能力要求	知识、技能、态度要求	教学活动设计	学时
4	质量管理体系的认证与审核	19-01-02	（1）企业 ISO 质量保证体系内容及建立过程 （2）按照 ISO 9000 的要求完成日常工作 （3）企业经营的审核、分析和改进 （4）企业内部审核	**教学活动：** （1）以典型企业为例，介绍企业如何建立质量保证体系及获得 ISO 认证 （2）用角色扮演法，真实体验一种产品的设计、制造整个环节中的质量控制模式 **教学内容：** （1）ISO 体系建立与获得企业 ISO 认证 （2）企业的日常经营活动 （3）企业的定期内部审核 （4）改进方案	12
5	品质管理技术员岗位能力培养	01-01-01 08-05-02 19-03-01 43-03-01 43-05-05	（1）界定行业技术/质量标准与规范 （2）整理并归档文件 （3）会运用 QC 七大手法 （4）确认自己在团队中的角色和目标 （5）愿意探究新事物	**教学活动：** （1）设定品质技术员岗位培养方案，采用真实企业环境、真实岗位身份进行技能和职业素养的锻炼 （2）采用头脑风暴法，对岗位能力培养方案和实施情况进行评估 **教学内容：** （1）品质管理技术员岗位内容 （2）行业技术标准 （3）ISO 体系与各个岗位内容的关联 （4）典型电子企业的岗位组成	12
合　计					54

注：“对接典型工作任务及职业能力要求”栏目下的编码与本书附录“1. 现代学徒制应用电子技术专业职业能力分析表”中的编码一致。

八、资源开发与利用

（一）教材编写与使用

教材的选用与编写必须依据本课程标准。要充分融合课程相关教学资源及电子行业新技术、新工艺，体现项目设计思想，以合作企业真实产品项目为载体实施教学，项目内容选取要科学，符合本课程的知识结构顺序及工作逻辑，具有可操作性并能形成系列，让学生在完成项目过程中掌握产品质量认证体系知识，锻炼质量管理职业技能。

（二）数字化资源开发与利用

以精品开发课程为平台积极开发数字化教学资源，包括课程标准、教学案例、实训指导书、授课计划等教学文件，建设课件、习题库、在线测试、企业案例库等数字资源，教学视频、设备操作演示动画等视频资源。建立互动交流网络学习平台。

九、教学建议

（一）教学方法

（1）本课程教学实施建议在专业理论教室和生产车间进行，在实施现场教学前，应让学生了解并掌握相关的产品质量认证体系基础知识。

（2）现场教学，应以合作企业典型电子产品生产质量控制过程为载体，在教学过程中，教师示范和学生分组讨论、训练互动交替进行，学生提问与教师解答、指导有机结合，让学生在“教”与“学”的过程中，掌握电子产品生产质量过程控制的方法和技能。

（3）在教学过程中，引入合作企业，在企业真实工作情境中，开展实践内容，紧密结合职业技能证书考核内容开展教学，使学生掌握从产品质量控制体系建立、产品生产质量检验到质量控制系统内审、外审评估的整个过程所需技能，锻炼学生的岗位适应能力。

（4）在教学过程中，要重视本专业行业、企业领域新技术、新工艺、新材料的发展趋势，贴近企业、贴近生产。为学生提供职业生涯发展的空间，努力培养学生参与社会实践的创新精神和职业能力。

（二）教学条件

（1）应提供能够满足一个教学班上课需要的多媒体教室一间，用于教师讲授课必要的专业理论知识的需要。

（2）应提供实施现场教学需要的校内外生产性合作企业 2～3 家，合作企业须获得 ISO 9000体系认证，可进行电子产品生产过程质量控制与管理现场教学。

（3）任课教师应熟悉电子产品生产企业一线岗位设备、工艺与生产管理，熟练掌握 ISO 9000质量认证体系知识，并能够应用于产品生产过程质量控制与管理。

十、教学评价

本课程采用以过程考核为主的多元化评价方式，考核分为过程考核、目标考核和顶岗实践考核三部分，各部分所占比例如表2－24所示。

表2－24　教学评价

考核方式	考核标准	占比
过程考核	按学习内容、生产性实训等教学过程考核标准要求进行过程考核	40%
目标考核	按SMT行业职业能力评价体系标准进行理论和技能考核	30%
顶岗实践考核	按企业岗位要求考核学生顶岗实践职业能力和职业素养（态度、作风等），由企业导师进行考核	30%

过程性考核要求：

（1）注重安全文明生产及安全操作规范。

（2）学习及实践态度。

（3）方案制订及操作执行能力。

（4）过程文件制作整理及结果。

撰稿人：广东科学技术职业学院　王海峰、卜新华
珠海市双喜电器有限公司　陈　明

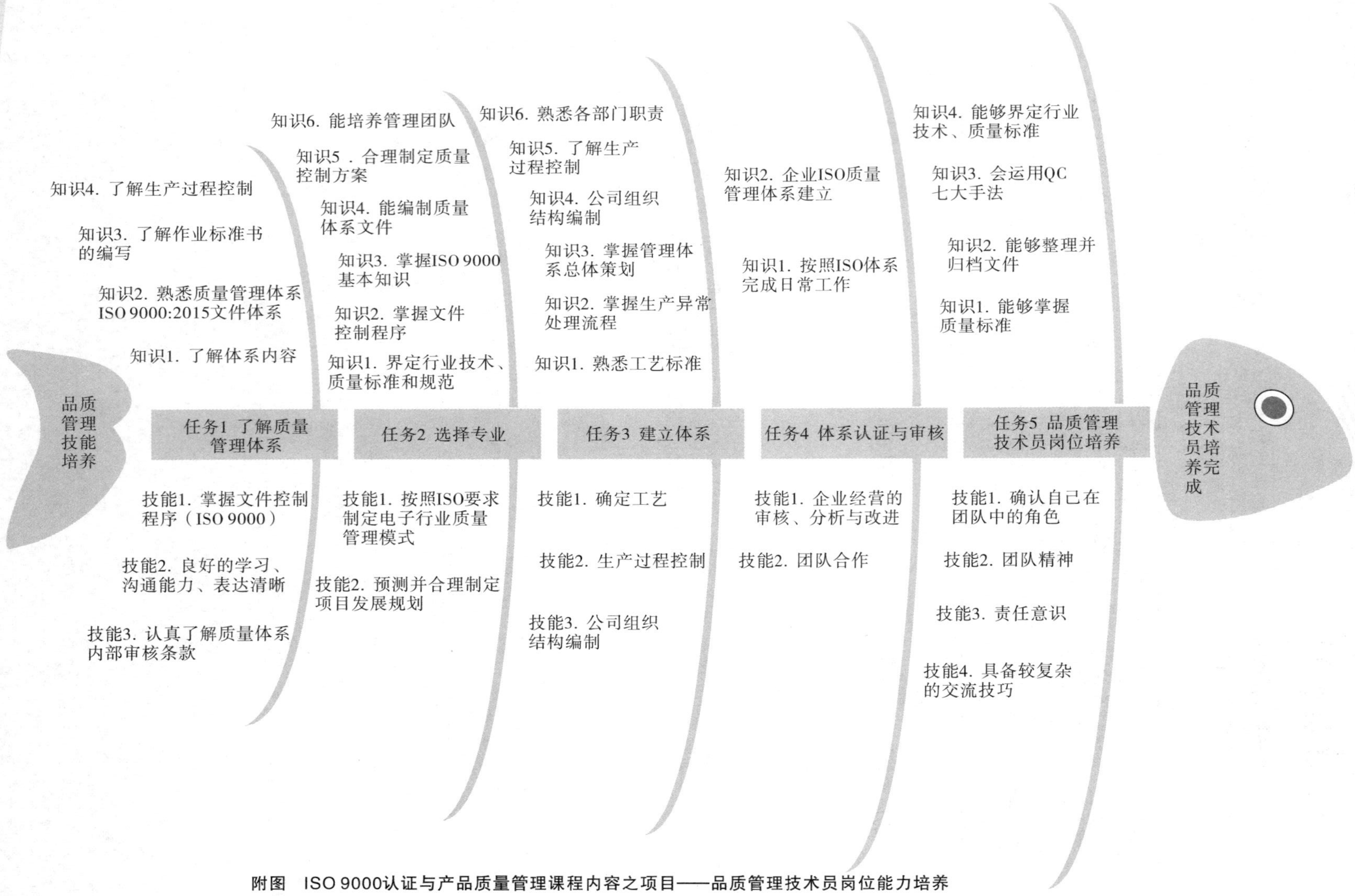

附图 ISO 9000认证与产品质量管理课程内容之项目——品质管理技术员岗位能力培养

附　　录

1. 应用电子技术专业岗位职业能力分析表

附表 1　现代学徒制应用电子技术专业岗位职业能力分析表

工作项目		工作任务		职业能力（知识、技能、方法、工具、要求）		学习水平 中职 Li	学习水平 高职 Lj
01	开发任务评估	01－01	功能/性能指标分析	01－01－01	界定行业技术/质量标准与规范		L4
				01－01－02	界定产品设计的各种技术标准		L4
				01－01－03	精通相关物理学、电子等理论知识，掌握相关材料、化学等知识		L4
				01－01－04	判断行业设计方案与标准一致性要求		L4
				01－01－05	根据客户需求，评估可制造性、可测试性		L4
				01－01－06	结合自己所从事的岗位进行细化、扩展		L4
				01－01－07	掌握 SMT 方面电子器件及 PCB 焊接知识		L4
		01－02	使用环境/安全法规分析	01－02－01	界定世界各地环境环保条件、安全法规标准要求	L3	L3
				01－02－02	界定 ROHS/SONY/REACH/HF 等环保标准（软件方面可不作此要求）	L3	L3
				01－02－03	具有项目管理或财务成本控制方面知识及经验	L3	L3
				01－02－04	与采购沟通协调	L3	L3
02	可行性分析	02－01	经济性评估	02－01－01	界定行业芯片/元器件/模块/PCB 等重要材料的等级及价格	L3	L3
				02－01－02	评估产品研发成本（一般由项目管理或财务成本控制决策）		L4
		02－02	设计方案制订	02－02－01	理会硬件设计的各种技术/标准/芯片/器件		L4
				02－02－02	理会客户对产品的需求（需求的功能、验收标准等）		L4

（续上表）

工作项目		工作任务		职业能力（知识、技能、方法、工具、要求）		学习水平 中职 Li	学习水平 高职 Lj
02	可行性分析	02－02	设计方案制订	02－02－03	掌握行业设计方案的符合性要求		L4
				02－02－04	使用常用原理图软件、PCB 软件		L4
				02－02－05	具备设计潜在失效模式及后果分析（DFMEA）		L4
				02－02－06	掌握 DQE 设计质量控制		L4
				02－02－07	理会设计需要以满足生产（DFM）		L4
		02－03	设计方案会审	02－03－01	界定硬件设计的各种技术、标准、芯片、器件		L4
				02－03－02	评审方案电路（热稳定性、可靠性、电磁兼容、ESD、能耗、安全性、环境保护等要求）		L4
				02－03－03	评审可测试性		L4
				02－03－04	评审工艺性		L4
				02－03－05	评审可生产性		L4
		02－04	编制可行性报告	02－04－01	掌握可行性报告架构		L4
				02－04－02	识别各种风险（技术风险、市场风险、供应链风险评估）		L4
				02－04－03	撰写技术文件		L4
03	产品设计调试	03－01	图纸设计（原理图/PCB 板图/结构图等）	03－01－01	使用原理图软件		L4
				03－01－02	使用 PCB 软件		L4
				03－01－03	使用电路仿真软件 PSPICE，信号仿真软件 HyperLynx 等		L4
				03－01－04	精通数电、模电、电源等专业知识		L4
				03－01－05	具备一定的机械相关领域知识		L4
				03－01－06	具备一定的化学相关领域知识		L4
				03－01－07	理会行业设计方案可符合性要求		L4
				03－01－08	能正确应用芯片、元件、器件、模块、PCB 等材料的规格书（Datasheet）		L4
				03－01－09	掌握热传导理论		L4

（续上表）

工作项目		工作任务		职业能力（知识、技能、方法、工具、要求）		学习水平 中职 Li	学习水平 高职 Lj
03	产品设计调试	03－01	图纸设计（原理图/PCB板图/结构图等）	03－01－10	具备元器件降额应用选型、计算的能力		L4
				03－01－11	具备整机性能指标裕度设计的能力		L4
				03－01－12	具备分析、设计、更改电路的能力		L4
				03－01－13	掌握本公司的PCB设计规范		L4
				03－01－14	掌握各种电子电路PCB及FPCB的制造工艺		L4
		03－02	电路板制作与调试	03－02－01	使用仪器、仪表、设备、工具		L4
				03－02－02	焊接、拆焊电路板（一般由PE或修理员处理）		L4
				03－02－03	掌握测量材料、部件的方法		L4
				03－02－04	识别芯片、元件、器件、模块等材料实物		L4
				03－02－05	识别ESD/EOS防护知识		L4
				03－02－06	精通数电、模电、电源等专业知识		L4
				03－02－07	预判及整改ESD等安全法规项目		L4
				03－02－08	预判及整改EMC等安全法规项目		L4
				03－02－09	具备分析与更改电路的能力		L4
		03－03	软件编写与测试	03－03－01	精通客户人机界面及各功能要求		L4
				03－03－02	理会原理图		L4
				03－03－03	使用C语言进行程序编写、调试		L4
				03－03－04	掌握其他语言的读写		L4
				03－03－05	掌握软件与器件FLASH芯片的兼容性		L4
				03－03－06	精通软件的写入工具/设备方式		L4
		03－04	材料清单建立与确认	03－04－01	识读材料规格书（Datasheet）	L3	L3
				03－04－02	精通本公司的材料编码规则及材料清单（BOM）结构	L3	L3
				03－04－03	精通芯片、元件、器件、模块等材料的规格、型号、特性、封装、价格等	L3	L3
				03－04－04	掌握材料样品确认流程与方法	L3	L3
				03－04－05	设计变更管理	L3	L3

（续上表）

工作项目		工作任务		职业能力（知识、技能、方法、工具、要求）		学习水平 中职 Li	学习水平 高职 Lj
03	产品设计调试	03－05	样品制作	03－05－01	精通工艺操作技能	L3	L3
				03－05－02	精通电烙铁等常用工具的使用	L3	L3
				03－05－03	掌握电子组装工艺	L3	L3
				03－05－04	掌握结构联装工艺	L3	L3
				03－05－05	回忆元件、元器件 ESD/EOS 防护知识	L3	L3
				03－05－06	烧录软件应用知识	L3	L3
				03－05－07	掌握产品性能指标	L3	L3
				03－05－08	掌握各类电子元器件性能、参数	L3	L3
		03－06	样品调试、性能指标测试	03－06－01	使用电烙铁、示波器、万用表、音频分析仪（AP）、频谱分析仪、扫频仪、网络分析仪、逻辑分析仪、热量计等仪器仪表	L3	L3
				03－06－02	测量材料、部件	L3	L3
				03－06－03	能按照设计要求逐项进行各项功能、性能的上电测调，并对发现的问题进行整改以及诊断与统调	L3	L3
				03－06－04	预判及整改 ESD/EMC 等安全法规项目	L3	L3
				03－06－05	调整参数、更换器件	L3	L3
		03－07	样品检测报告制作、送样、整改	03－07－01	撰写技术文件		L4
				03－07－02	沟通与协商，根据客户反馈修正样品		L4
04	产品试产验证	04－01	产品验证及问题整改	04－01－01	根据送检发现的问题（热稳定性、可靠性、电磁兼容、ESD、能耗、安全性、环境保护等）进行故障诊断、定位与整改，具备问题分析与对策的能力		L4
				04－01－02	进行良好的沟通与协商		L4
		04－02	完善设计资料	04－02－01	完善材料清单/原理图/方框图/PCB 图/光绘图/结构图/初始装配图等技术文件的能力	L3	L3
				04－02－02	制作与提供产品功能说明书、性能规格书以及物料认证书的能力	L3	L3

（续上表）

工作项目		工作任务		职业能力（知识、技能、方法、工具、要求）		学习水平 中职 Li	学习水平 高职 Lj
04	产品试产验证	04－02	完善设计资料	04－02－03	转换产品技术标准成质量检验标准	L3	L3
				04－02－04	识别并提供产品关键件、重要件清单以及关键工序要求	L3	L3
				04－02－05	识别并标识产品特殊特性	L3	L3
				04－02－06	认证物料（材料符合性确认及电路应用确认）	L3	L3
				04－02－07	完善 DFMEA	L3	L3
				04－02－08	制作产品技术帮助说明书	L3	L3
		04－03	试产技术支持	04－03－01	发现与纠正问题（操作、设备、物料、夹具、测试等），跟进自身设计问题，参与验证，参与其他问题的提案改善		L4
				04－03－02	指导返修工进行不良品返修		L4
				04－03－03	协助指导生产过程品质控制		L4
				04－03－04	协助指导材料、零部件、半成品、成品检验		L4
				04－03－05	协助指导可靠性试验		L4
				04－03－06	解决试产过程中发生的技术问题、物料问题、操作问题等		L4
		04－04	技术总结	04－04－01	归类分析各方意见		L4
				04－04－02	合理取舍各方意见、优化方案		L4
				04－04－03	提出全面整改方案		L4
05	量产跟进	05－01	技术资料整理移交	05－01－01	审核材料清单/原理图/方框图/PCB 图/光绘图/结构图/初始装配图/包装图/美工图等技术文件		L4
				05－01－02	制作产品功能说明书、性能规格书以及物料认证书		L4
				05－01－03	制作产品特殊特性清单、关键件/重要件/关键工序清单、质量检验标准		L4

（续上表）

工作项目		工作任务		职业能力（知识、技能、方法、工具、要求）		学习水平 中职 Li	学习水平 高职 Lj
05	量产跟进	05－02	量产过程技术支持	05－02－01	指导返修工进行不良品返修		L4
				05－02－02	发现与纠正问题（操作、设备、物料、夹具、测试等），一般由 PE 工程师针对设计问题提出支持		L4
				05－02－03	解决量产过程中发生的技术难点问题		L4
06	生产可行性评估	06－01	可行性实验	06－01－01	能使用工具进行基本的组装，会使用特定工具进行可制造性装配评估	L3	L3
				06－01－02	识别电气安全规则是否符合国家标准或行业标准	L2	L2
				06－01－03	分析 PCB Layout 布局制程操作的可行性	L2	L2
				06－01－04	进行系统内部结构（走线、美观、省料）的可行性分析	L2	L2
		06－02	可行性报告	06－02－01	撰写可行性分析报告能力	L2	L2
				06－02－02	输出可行性分析报告能力	L2	L2
				06－02－03	应用专业术语撰写可行性分析报告	L3	L3
07	制程异常的分析	07－01	电源部分的分析	07－01－01	掌握电子元器件的特性、参数	L3	L3
				07－01－02	分析识读电路原理的能力	L2	L2
				07－01－03	使用设备（万用表、电参数测量仪、示波器）进行电路测量的能力	L2	L2
				07－01－04	使用制图软件（Protel 2004）进行原理图绘制的能力	L2	L2
				07－01－05	使用制图软件（Protel 2004）进行 PCB 设计的能力	L2	L2
				07－01－06	应用 CAM 软件	L3	L3
		07－02	结构部分的分析	07－02－01	掌握理论力学、材料力学及物料结构的基础知识	L3	L3
				07－02－02	使用设备（三次元、千分尺、卡尺）进行分析的能力	L2	L2
				07－02－03	精通使用制图软件（AUTO CAD、3D MAX）的能力	L3	L3
		07－03	异常分析报告	07－03－01	撰写异常分析报告的能力	L3	L3
				07－03－02	输出异常分析报告的能力	L3	L3
				07－03－03	应用专业术语描述异常情况的能力	L3	L3

（续上表）

工作项目		工作任务		职业能力（知识、技能、方法、工具、要求）		学习水平 中职 Li	学习水平 高职 Lj
08	工艺标准化	08－01	生产流程的设计	08－01－01	能使用工具进行基本组装	L2	L2
				08－01－02	掌握生产流程的基础知识	L3	L3
				08－01－03	编制生产流程表	L2	L2
				08－01－04	运用专业术语描述生产流程	L3	L3
		08－02	工序/人力评估调整	08－02－01	掌握生产流程的基础知识	L2	L2
				08－02－02	掌握专业术语	L2	L2
				08－02－03	编制生产流程表	L2	L2
		08－03	SOP 制作	08－03－01	精通工业工程的基础知识	L2	L2
				08－03－02	能使用办公设备	L2	L2
				08－03－03	精通生产工艺流程	L2	L2
		08－04	辅料制程工艺标准制定	08－04－01	掌握电子辅料性能、参数、使用方法及存储方法等	L3	L3
				08－04－02	具备动手实践能力	L2	L2
				08－04－03	能对基础数据（概率、函数、相关性）进行分析统计的能力	L2	L2
				08－04－04	能利用工具对辅料进行数据查询与使用指导	L2	L2
		08－05	工艺文件签核发文	08－05－01	掌握文件控制程序（ISO 9001 体系）的内容	L2	L2
				08－05－02	整理并归档文件	L2	L2
				08－05－03	制作、发放、变更文件内容	L2	L2
				08－05－04	能对文件进行签发、现场指导	L2	L2
09	产能评估	09－01	节拍时间收集	09－01－01	精通使用计时器进行计时	L2	L2
				09－01－02	掌握生产流程的基础知识	L1	
				09－01－03	掌握产能评估的方法与策略	L2	L2
		09－02	标准产能的制定	09－02－01	掌握工业工程的基础知识	L2	L2
				09－02－02	具备精益生产的基础知识	L2	L2
				09－02－03	具备相关数学知识	L2	L2

（续上表）

工作项目		工作任务		职业能力（知识、技能、方法、工具、要求）		学习水平 中职 Li	学习水平 高职 Lj
10	工具的设计制作	10－01	操作工具的设计制作	10－01－01	精通制图软件（AUTO CAD、3D MAX）	L2	L2
				10－01－02	具备材料性能等相关知识	L2	L2
				10－01－03	会操作仪器（切割仪器、车床等）	L1	
				10－01－04	掌握加工工艺相关知识	L2	L2
		10－02	测试工具的设计制作	10－02－01	精通制图软件（AUTO CAD、3D MAX）	L2	L2
				10－02－02	动手实践能力	L2	L2
				10－02－03	能识读电路原理图，分析电路原理	L2	L2
				10－02－04	使用设备（万用表、电参数测量仪、示波器）进行电路测量的能力	L2	L2
				10－02－05	使用制图软件（Protel 2004）进行绘图的能力	L2	L2
11	制程仪器的调试维护	11－01	仪器的日常点检	11－01－01	操作仪器（ICT、ATE、AOI、积分球、电参数测量仪、电子负载等）的能力	L1	
				11－01－02	掌握机电基础知识	L1	
				11－01－03	掌握电气安全法规基础知识	L1	
				11－01－04	掌握仪器存放校验等常识	L1	
		11－02	仪器使用前的调试	11－02－01	操作仪器的能力	L1	
		11－03	仪器故障的维修	11－03－01	操作仪器的能力	L1	
				11－03－02	识读电路原理图，分析电路原理的能力	L1	
				11－03－03	识读设备安装图，分析设备原理的能力	L1	
				11－03－04	使用设备（三次元、千分尺、卡尺）进行分析的能力	L1	
12	产品工艺评估	12－01	可制造性评估	12－01－01	掌握工艺管理相关国家标准	L3	L3
				12－01－02	掌握工艺管理相关行业标准	L3	L3
				12－01－03	精通 CAD/CAM 等工具使用	L3	L3
				12－01－04	掌握本行业、本公司的设备能力及工艺水平	L3	L3

（续上表）

工作项目		工作任务		职业能力（知识、技能、方法、工具、要求）		学习水平 中职 Li	学习水平 高职 Lj
12	产品工艺评估	12-02	关键工艺研究	12-02-01	识读部件规格书、产品结构图、材料清单等技术资料		L4
				12-02-02	掌握本行业先进的工艺知识		L4
				12-02-03	掌握 DOE/GD&T 等分析工具		L4
				12-02-04	具备良好工艺操作技能		L4
		12-03	装配流程分析及PFMEA	12-03-01	能识读部件规格书、产品结构图、材料清单等技术资料		L4
				12-03-02	掌握部件组合的工艺种类及方法		L4
				12-03-03	掌握制程失效模式及后果分析（PFMEA）工具的应用		L4
		12-04	产品生产成本分析	12-04-01	掌握动作分析方法	L3	L3
				12-04-02	掌握行业工时定额分析方法	L3	L3
				12-04-03	掌握行业及地区工时时值及 SMT 点数折算方法制作成本	L3	L3
		12-05	电子产品结构分析	12-05-01	掌握产品的结构	L3	L3
				12-05-02	掌握产品的工作原理	L3	L3
				12-05-03	掌握产品的用途	L3	L3
				12-05-04	掌握产品重要零部件的作用	L3	L3
13	制程工艺开发	13-01	样品制作	13-01-01	能识读材料、部件规格书、产品结构图、材料清单等技术资料	L3	L3
				13-01-02	掌握电子、结构装联工艺知识	L3	L3
				13-01-03	掌握材料/部件的检验方法	L3	L3
				13-01-04	熟练使用基本设备、仪器、工具（烙铁、电批、卡尺等）	L3	L3
				13-01-05	精通电子元器件性能及参数等	L3	L3
		13-02	工艺路线及场地规划	13-02-01	具备工业工程专业知识		L4
				13-02-02	具备价值流分析及精益生产的知识		L4
				13-02-03	能使用 CAD 等工具		L4

（续上表）

工作项目		工作任务		职业能力（知识、技能、方法、工具、要求）		学习水平 中职 Li	学习水平 高职 Lj
13	制程工艺开发	13－03	工艺文件编制（生产流程图、质量控制计划、作业指导书等）	13－03－01	编写作业指导书	L3	L3
				13－03－02	制订工艺流程	L3	L3
				13－03－03	制作仪表、夹具清单	L3	L3
				13－03－04	掌握行业工艺管理标准	L3	L3
				13－03－05	掌握电子、结构装联工艺知识	L3	L3
				13－03－06	掌握仪器仪表/设备安全操作规范	L3	L3
				13－03－07	使用 CAD/Photoshop 等工具	L3	L3
				13－03－08	掌握基本设备、工具（烙铁、电批、波峰焊接机、注胶机、卡尺等）的功能及其参数设定方法	L3	L3
		13－04	工装夹具设计及专用设备/仪器/工具配置	13－04－01	能识读部件规格书、产品结构图、材料清单等技术资料		L4
				13－04－02	掌握夹具的材料特性、ESD 特性、价格以及设备、仪器、工具的一般市场价格		L4
				13－04－03	掌握机械制图、GD&T 分析工具		L4
				13－04－04	精通产品工作原理、结构特点		L4
				13－04－05	使用 CAD/Photoshop 等工具		L4
				13－04－06	掌握行业工装标准要求		L4
				13－04－07	工装的维护（存储、变更、报废）		L4
14	产品/工艺试产验证	14－01	指导新产品试产	14－01－01	理会控制计划	L3	L3
				14－01－02	掌握产品工作原理、结构特点	L3	L3
				14－01－03	掌握辅助材料的特性及应用	L3	L3
				14－01－04	具备良好工艺操作技能	L3	L3
				14－01－05	掌握基本设备、工具（烙铁、电批、波峰焊接机、注胶机、卡尺等）的功能及其参数设定方法	L3	L3
				14－01－06	现场协调及解决问题的能力		L4
		14－02	试产问题分析处理	14－02－01	掌握电子产品质量的客户标准及行业标准（如 IPC－610E 标准）		L4
				14－02－02	掌握产品工作原理、结构特点		L4
				14－02－03	具备数据分析技能（SPC 等）		L4

（续上表）

工作项目		工作任务		职业能力（知识、技能、方法、工具、要求）		学习水平 中职 Li	学习水平 高职 Lj
14	产品/工艺试产验证	14－02	试产问题分析处理	14－02－04	使用一些专业的工具和仪器		L4
				14－02－05	掌握辅助材料的特性及应用		L4
				14－02－06	掌握常用产品问题的分析方法与技巧		L4
				14－02－07	具备发现产品缺陷及问题的能力		L4
		14－03	组织工艺总结	14－03－01	使用 CAD/Photoshop 等工具		L4
				14－03－02	组织、汇总、归纳文字		L4
				14－03－03	交流、沟通与协调能力	L3	L3
15	效率提升、持续改善	15－01	工艺管理	15－01－01	首检及巡检工艺	L3	L3
				15－01－02	掌握工艺标准	L3	L3
				15－01－03	发现生产工艺问题	L3	L3
				15－01－04	制定整改报告	L3	L3
		15－02	工艺改善、优化	15－02－01	掌握 IE 的七大手法	L3	L3
				15－02－02	具备价值流分析及精益生产的知识	L3	L3
				15－02－03	采集、统计及分析数据	L3	L3
				15－02－04	提出整改方案并实施		L4
		15－03	工序平衡及标准工时设定	15－03－01	使用 CAD 等工具	L3	L3
				15－03－02	具备精益生产的知识	L3	L3
				15－03－03	采集、统计及分析数据	L3	L3
				15－03－04	掌握行业标准及生产定额等相关知识		L4
16	培训	16－01	工艺培训	16－01－01	掌握产品工作原理、结构的特点以及质量标准		L4
				16－01－02	掌握常用产品问题的分析方法与技巧		L4
				16－01－03	使用 CAD/Photoshop 等工具		L4
				16－01－04	掌握本企业工艺能力		L4
				16－01－05	具备复杂工艺流程编制能力		L4
17	产品监控	17－01	检验标准制定	17－01－01	会运用 QC 七大手法	L2	L2
				17－01－02	掌握查检表定义	L2	L2
				17－01－03	掌握物料关键参数	L2	L2

（续上表）

工作项目		工作任务		职业能力（知识、技能、方法、工具、要求）		学习水平 中职 Li	学习水平 高职 Lj
17	产品监控	17－01	检验标准制定	17－01－04	掌握物料检查方法	L2	L2
				17－01－05	掌握有害物要求（ROSH、Reach）及检查（XRF）	L2	L2
				17－01－06	掌握抽样及允收标准（ANSI/ASQ Z1.4、AQL）的相关知识	L2	L2
				17－01－07	掌握市场安全法规要求（UL、CE、NOM 等）	L2	L2
				17－01－08	掌握行业工艺流程及管控重点	L3	L3
				17－01－09	制定符合法规要求和客户需求的检验标准	L3	L3
				17－01－10	总结客户需求及市场反馈信息	L3	L3
		17－02	巡检	17－02－01	掌握物料制作工艺（SMT、MI、注塑、冲压、电镀等）	L2	L2
				17－02－02	掌握关键工位定义与关键参数管理	L2	L2
				17－02－03	掌握常用检查仪器使用方法（焊接温度、扭力等）	L2	L2
				17－02－04	具备安全法规基础知识（常见安全法规认证 LOGO）	L2	L2
				17－02－05	掌握 QC 流程与控制计划	L2	L2
				17－02－06	理会制程失效模式与影响分析（PFMEA）	L2	L2
				17－02－07	督查各项规范要求的执行	L2	L2
				17－02－08	落实表格记录及仪器设备的维护保养	L2	L2
		17－03	产品检查	17－03－01	掌握抽样及允收标准（ANSI/ASQ Z1.4、AQL）的相关知识	L2	L2
				17－03－02	掌握行业检查标准（IPC610 等）	L2	L2
				17－03－03	使用常用检查仪器（LCR、打高压）	L2	L2
				17－03－04	掌握检验报告构成	L2	L2
				17－03－05	掌握第三方检验流程	L2	L2

（续上表）

工作项目		工作任务		职业能力（知识、技能、方法、工具、要求）		学习水平 中职 Li	学习水平 高职 Lj
17	产品监控	17－03	产品检查	17－03－06	掌握常见组装工艺与制程	L2	L2
				17－03－07	掌握产品设计满足功能上的要求	L2	L2
				17－03－08	掌握试验流程，如高低温、跌落、烟雾等试验	L2	L2
		17－04	仪器管理	17－04－01	会使用常用设备仪器	L2	L2
				17－04－02	掌握常用设备仪器的保养手法	L2	L2
				17－04－03	能排除简单设备故障	L2	L2
				17－04－04	掌握外校与内校的区别及管控	L2	L2
				17－04－05	仪器样件的建立与维持	L2	L2
18	可靠性测试	18－01	测试计划排程	18－01－01	精通统筹方法	L2	L2
				18－01－02	掌握产品的属性，建立产品控制计划	L2	L2
				18－01－03	掌握常用分析方法，熟知 APQP、MSA、柏拉图	L3	L3
		18－02	按计划测试	18－02－01	会使用常用可靠测试设备（恒温恒湿箱、ESD 等）	L1	
				18－02－02	掌握行业可靠测试标准（IEC、EIA、ASTM 等）	L1	
		18－03	设备调试、维护、保养	18－03－01	掌握常用可靠测试设备注意点	L1	
				18－03－02	能安装测试设备	L1	
				18－03－03	能排除简单设备故障	L1	
				18－03－04	掌握设备内校与外校知识	L2	L2
				18－03－05	制作和落实设备维护保养三级指导文件	L2	L2
19	供应商品质管理	19－01	供应商审核	19－01－01	掌握 ISO 9001 及 QS 9000 的基本知识	L1	
				19－01－02	按 ISO 9001 及 QS 9000 的要求完成日常工作	L1	
				19－01－03	掌握 5S、JIT、看板管理	L1	
				19－01－04	掌握企业文控系统构成	L1	
				19－01－05	掌握合格供货商的管理与审核标准	L2	L2
				19－01－06	对供应商评审机制提出建议	L2	L2

（续上表）

工作项目		工作任务		职业能力（知识、技能、方法、工具、要求）		学习水平 中职 Li	学习水平 高职 Lj
19	供应商品质管理	19-02	供应商自检管理	19-02-01	掌握抽样及允收标准（ANSI/ASQ Z1.4，AQL）的相关知识	L1	
				19-02-02	掌握检验报告构成	L1	
				19-02-03	精通常见安全法规涉及的元件（电源适配器、锂电池等）及要求	L1	
				19-02-04	管理供货商的供货渠道	L1	
				19-02-05	产品供应的 ROHS 与 QS 检测报告	L1	
		19-03	持续改善	19-03-01	会运用 QC 七大手法	L1	
				19-03-02	能进行制程常见不良分析	L1	
				19-03-03	供货产品的检验及改善报告跟进	L1	
				19-03-04	供货商的供货保障能力及质量保证能力评分	L1	
20	产品功能测试评估	20-01	测试项目分析、可测试性评估、测试配件电路分析	20-01-01	掌握产品测试的相关国家/行业标准		L4
				20-01-02	读懂产品功能说明书、性能规格书		L4
				20-01-03	掌握产品特性清单、关键件/重要件/关键工序清单、质量检验标准		L4
				20-01-04	读懂电路原理图/电路连接框图		L4
				20-01-05	使用常用原理图、PCB 软件		L4
				20-01-06	掌握本公司的设计规范	L3	L3
				20-01-07	能识别组装图上面的尺寸管控要求	L3	L3
				20-01-08	掌握满足客户需要产品设计要求	L3	L3
21	产品测试开发	21-01	制订测试方案、拟制仪器测试方案、拟制仪器夹具清单、测试费用评估、PFMEA	21-01-01	读懂电路 PCB 图	L3	L3
				21-01-02	掌握产品规格书	L3	L3
				21-01-03	掌握客户的特殊测试要求	L3	L3
				21-01-04	具备操作产品的各项功能能力	L3	L3
				21-01-05	掌握常用仪器仪表的特性、应用及校准、送检的相关知识	L3	L3
				21-01-06	掌握夹具的材料特性、ESD 特性、价格以及仪器/仪表/工具的一般市场价格		L4

（续上表）

工作项目		工作任务		职业能力（知识、技能、方法、工具、要求）		学习水平 中职 Li	学习水平 高职 Lj
21	产品测试开发	21－01	制订测试方案、拟制仪器测试方案、拟制仪器夹具清单、测试费用评估、PFMEA	21－01－07	掌握不同测试环境要求的能力（高温、高湿、接地等）		L4
				21－01－08	掌握电路中关键功能节点	L3	L3
				21－01－09	掌握电子行业通用测试标准	L3	L3
				21－01－10	掌握电子产品测试的基本方法	L3	L3
				21－01－11	预防品质管理、潜在失效模式分析及后果分析	L3	L3
				21－01－12	掌握产品测试防护的安全措施	L3	L3
		21－02	测试系统搭建与调试	21－02－01	使用原理图软件	L3	L3
				21－02－02	使用 PCB 软件	L3	L3
				21－02－03	具备数电/模电等专业知识	L3	L3
				21－02－04	具备电源等专业知识	L3	L3
				21－02－05	具备一定的机械、化学相关领域知识	L3	L3
				21－02－06	识读并正确应用芯片、元件、器件、模块、PCB 等材料的规格书（Datasheet）	L3	L3
				21－02－07	具备电路分析能力	L3	L3
				21－02－08	掌握夹具的材料特性、静电特性	L3	L3
				21－02－09	理会产品规格书	L3	L3
				21－02－10	掌握常用仪器仪表的校准及使用方法	L3	L3
				21－02－11	掌握电子产品测试的基本方法	L3	L3
				21－02－12	设计测试夹具	L3	L3
				21－02－13	制作测试夹具	L3	L3
				21－02－14	设置仪器及调试系统	L3	L3
				21－02－15	设计配件电路	L3	L3
				21－02－16	调试电路	L3	L3
				21－02－17	掌握 ESD/EOS 防护知识	L3	L3

（续上表）

工作项目		工作任务		职业能力（知识、技能、方法、工具、要求）		学习水平 中职 Li	学习水平 高职 Lj
21	产品测试开发	21 - 03	测试文件制作	21 - 03 - 01	识读产品电路原理	L3	L3
				21 - 03 - 02	掌握产品结构特点	L3	L3
				21 - 03 - 03	掌握仪器仪表的安全操作规范	L3	L3
				21 - 03 - 04	掌握产品电气性能指标	L3	L3
				21 - 03 - 05	掌握电子产品测试原则与方法	L3	L3
				21 - 03 - 06	具备采集、统计与分析数据能力	L3	L3
				21 - 03 - 07	使用 CAD/Photoshop 等工具	L3	L3
				21 - 03 - 08	能操作产品的各项功能	L3	L3
				21 - 03 - 09	制作三级文件以及测试规范	L3	L3
				21 - 03 - 10	建立作业记录表收集数据并分析	L3	L3
				21 - 03 - 11	撰写 GR&R 报告	L3	L3
				21 - 03 - 12	制订测试控制计划	L3	L3
				21 - 03 - 13	编制测试指导书		
22	产品测试验证	22 - 01	测试准备	22 - 01 - 01	识读作业指导书（含专业术语、图形符号等）	L3	L3
				22 - 01 - 02	具备使用仪器仪表的能力	L3	L3
				22 - 01 - 03	测试仪器及测量工装的连接	L3	L3
		22 - 02	测试执行	22 - 02 - 01	掌握使用仪器仪表安全操作规范	L3	L3
				22 - 02 - 02	能进行数据采集与记录	L3	L3
				22 - 02 - 03	能对数据进行统计与分析	L3	L3
				22 - 02 - 04	会使用设备仪器及夹具	L3	L3
				22 - 02 - 05	作业数据记录维修报表收集分析	L3	L3
		22 - 03	测试指导	22 - 03 - 01	掌握产品电路原理、结构特点		L4
				22 - 03 - 02	掌握产品电气性能指标		L4
				22 - 03 - 03	掌握测试仪器的使用		L4
				22 - 03 - 04	掌握测试系统的操作方法		L4
				22 - 03 - 05	掌握 SOP 内容，按步骤执行		L4

（续上表）

工作项目		工作任务		职业能力（知识、技能、方法、工具、要求）		学习水平 中职 Li	学习水平 高职 Lj
22	产品测试验证	22－04	问题分析处理	22－04－01	掌握电子产品质量的客户标准及行业标准（如 IPC 标准）		L4
				22－04－02	掌握产品工作原理、结构的特点		L4
				22－04－03	具备数据整理、分析技能（SPC 等）		L4
				22－04－04	能够使用一些专业的分析工具和仪器		L4
				22－04－05	掌握常用产品问题的分析方法与技巧		L4
				22－04－06	分析问题、改善对策落实责任人		L4
				22－04－07	跟进改善对策的落实情况		L4
		22－05	测试报告撰写	22－05－01	使用 CAD/Photoshop 等工具	L3	L3
				22－05－02	具备数据整理、分析技能（SPC 等）	L3	L3
				22－05－03	使用 5W 工具分析落实改善情况	L3	L3
23	测试效率提升	23－01	测试项目优化（动作简化、夹具改良、工序整合）	23－01－01	掌握产品的功能及性能		L4
				23－01－02	具备数据采集、整理及分析能力		L4
				23－01－03	掌握电子产品测试原则与方法		L4
				23－01－04	掌握自动化、机械化测试原理		L4
				23－01－05	具备精益生产的知识		L4
				23－01－06	掌握人体工程学，改善测试工序现场，提高效率		L4
				23－01－07	改善制程工序的 5S 要求，工序优化		L4
24	异常处理	24－01	异常分析	24－01－01	掌握产品工作原理、结构的特点以及质量标准		L4
				24－01－02	掌握常用产品问题的分析方法与技巧		L4
				24－01－03	使用 CAD/Photoshop 等工具	L3	L3
				24－01－04	掌握测试系统的工作原理与构成		L4
				24－01－05	掌握部门职责、制定改善措施责任人		L4
				24－01－06	异常问题的处理能力		L4
25	培训	25－01	检测培训	25－01－01	掌握常用仪器仪表的校准及使用方法	L3	L3
				25－01－02	掌握产品测试的相关国家标准	L3	L3

（续上表）

工作项目		工作任务		职业能力（知识、技能、方法、工具、要求）		学习水平 中职 Li	学习水平 高职 Lj
25	培训	25－01	检测培训	25－01－03	掌握产品测试的相关行业标准	L3	L3
				25－01－04	掌握产品功能说明书、性能规格书	L3	L3
				25－01－05	掌握产品工作原理、结构的特点以及质量标准	L3	L3
				25－01－06	掌握常用产品问题的分析方法与技巧	L3	L3
				25－01－07	使用 CAD/Photoshop 等工具	L3	L3
				25－01－08	掌握测试系统的工作原理与构成	L3	L3
				25－01－09	培训记录以及培训考核完成年度培训计划	L3	L3
				25－01－10	针对各岗位制作培训课件	L3	L3
26	生产准备	26－01	作业指导书	26－01－01	理会作业指导书里的工艺要求	L2	L2
				26－01－02	掌握常用专业术语	L2	L2
		26－02	领料	26－02－01	精通常规物料封装规格及型号	L2	L2
				26－02－02	掌握元器件正确包装方式	L2	L2
				26－02－03	掌握行业内认证符号	L2	L2
				26－02－04	会操作扫描枪	L2	L2
		26－03	检测生产设备	26－03－01	会调试简单的常用生产设备	L2	L2
				26－03－02	掌握常规生产设备的工作原理及用途	L2	L2
		26－04	作业环境点检	26－04－01	照度计使用	L2	L2
				26－04－02	电工基础知识	L2	L2
				26－04－03	无尘环境管理	L2	L2
				26－04－04	静电防护知识	L2	L2
		26－05	核对 BOM 资料	26－05－01	精通常用物料的种类、型号及规格	L2	L2
		26－06	制作首件	26－06－01	掌握产品制作方法	L2	L2
				26－06－02	掌握各类元器件性能、参数及使用	L2	L2
		26－07	控制计划	26－07－01	一般工艺流程及控制点	L2	L2

（续上表）

工作项目		工作任务		职业能力（知识、技能、方法、工具、要求）		学习水平 中职 Li	学习水平 高职 Lj
27	装配	27－01	插件	27－01－01	电子元器件识别	L1	
				27－01－02	常规电子元件的极性判断	L1	
				27－01－03	电子元器件的静电防护措施	L1	
				27－01－04	能识别 PCB 板上元件的对应符号	L1	
				27－01－05	掌握各种元器件的插件方法	L1	
		27－02	焊接	27－02－01	掌握电子元器件的焊接温度要求	L1	
				27－02－02	掌握焊接工具的使用方法	L1	
				27－02－03	掌握焊接工艺的标准	L1	
				27－02－04	掌握焊接设备（回流焊、波峰焊、小锡炉、电烙铁、加热平台、热风枪）的使用要求	L1	
		27－03	安装	27－03－01	常用工具使用	L1	
				27－03－02	掌握常用电子元器件安装方法	L1	
		27－04	半成品检修	27－04－01	精通仪器使用	L1	
				27－04－02	识读电路原理图	L1	
				27－04－03	判断常规电子元件的失效	L1	
				27－04－04	简单故障分析	L1	
				27－04－05	精通常用电子元器件性、参数及使用	L1	
		27－05	自动化机器操作	27－05－01	自动插件机操作	L1	
				27－05－02	SMT 机器操作	L1	
				27－05－03	CNC 机器操作	L1	
				27－05－04	电火花机操作	L1	
				27－05－05	注塑成型机	L1	
				27－05－06	机器保养知识、初步维修调试	L1	
				27－05－07	安全作业	L1	
28	成品检修	28－01	外观、功能检修	28－01－01	仪器使用（计量工具使用）	L1	
				28－01－02	识读电路原理图	L1	
				28－01－03	常规电子元件的失效判断	L1	

（续上表）

工作项目		工作任务		职业能力（知识、技能、方法、工具、要求）		学习水平 中职 Li	学习水平 高职 Lj
28	成品检修	28－01	外观、功能检修	28－01－04	返修品的跟踪落实情况	L1	
				28－01－05	掌握检修注意事项、制定改善措施	L1	
		28－02	安全规范测试	28－02－01	会使用高压仪接地电阻测试仪	L1	
				28－02－02	安全规范故障分析（不良品）	L1	
				28－02－03	掌握各种设备的安全生产常识	L1	
29	包装	29－01	产品数量型号规格核对	29－01－01	掌握专业术语	L1	
		29－02	外观检测	29－02－01	包装设备的使用	L1	
		29－03	装箱贴标	29－03－01	会使用打码机或激光打标机	L1	
		29－04	包装工艺	29－04－01	掌握常见包装工艺	L1	
				29－04－02	能进行纸箱爆破强度测试	L1	
				29－04－03	掌握纸箱抗压要求	L1	
		29－05	入库	29－05－01	成品摆放要求	L1	
30	生产计划排单	30－01	安排人员	30－01－01	会根据工作内容分配人员		L4
				30－01－02	会根据员工情况安排岗位		L4
				30－01－03	会根据工作进行员工培训		L4
		30－02	调度设备、工装夹具	30－02－01	会根据生产计划对设备进行选型		L4
				30－02－02	准备工装夹具，根据计划完成设备点检表		L4
				30－02－03	会组织设备的全员保养		L4
				30－02－04	掌握设备性能参数		L4
		30－03	准备文件、场地	30－03－01	掌握生产制造规范要求	L3	L3
				30－03－02	掌握 SOP 流程	L3	L3
				30－03－03	掌握检验规范	L3	L3
				30－03－04	识别接收执行指导性文件，编制内部文件报表	L3	L3
				30－03－05	准备物料、半成品、成品存放场地	L3	L3

（续上表）

工作项目		工作任务		职业能力（知识、技能、方法、工具、要求）		学习水平 中职 Li	学习水平 高职 Lj
31	生产过程管理	31－01	质量管理	31－01－01	掌握工艺标准	L3	L3
				31－01－02	掌握生产异常处理流程	L3	L3
				31－01－03	具备生产异常处理能力	L3	L3
				31－01－04	会分析质量异常的原因	L3	L3
				31－01－05	掌握质量标准	L3	L3
				31－01－06	掌握常用的七大质量分析工具	L3	L3
		31－02	安全生产	31－02－01	掌握安全生产法规	L3	L3
				31－02－02	具备社会责任体系知识（劳动法等）	L3	L3
				31－02－03	具备环保法等知识（识别有毒有害物质）	L3	L3
				31－02－04	具备消防知识	L3	L3
				31－02－05	能组织进行应急演练、监管、安全检查	L3	L3
				31－02－06	定期进行安全生产培训及考核	L3	L3
		31－03	生产人员管理	31－03－01	新员工规章制度学习及技能培训		L4
				31－03－02	能进行人员考勤、考核、绩效、晋升等管理工作		L4
				31－03－03	具备团队建设、员工关系管理能力		L4
				31－03－04	掌握人事规章制度		L4
		31－04	现场管理	31－04－01	推行7S管理		L4
				31－04－02	定期组织生产例会		L4
				31－04－03	精通异常处理流程		L4
				31－04－04	掌握可视化管理		L4
				31－04－05	能进行生产信息传递		L4
				31－04－06	会避免七大浪费的管理方法		L4
32	产品交付	32－01	工单结案	32－01－01	会进行产出率、合格率、设备运行情况等数据的分析	L3	L3
				32－01－02	会进行工单的异常分析和处理	L3	L3
				32－01－03	会使用ERP、OA等办公软件	L3	L3
		32－02	产品入库	32－02－01	掌握ERP等相关软件使用	L3	L3

（续上表）

工作项目		工作任务		职业能力（知识、技能、方法、工具、要求）		学习水平 中职 Li	学习水平 高职 Lj
33	物料的领取与发放	33－01	准备与核对资料、物料	33－01－01	元件识别	L1	
				33－01－02	使用扫描枪	L1	
				33－01－03	ERP 企业物料管理系统	L1	
				33－01－04	静电防护	L1	
		33－02	申报检验	33－02－01	掌握公司申报检验流程	L1	
				33－02－02	填写申报单	L1	
		33－03	签收领取与发放物料	33－03－01	掌握元件的包装	L1	
				33－03－02	识别元件	L1	
				33－03－03	掌握物料的特性	L1	
		33－04	来料检验	33－04－01	识别元件	L2	L2
				33－04－02	掌握公司来料检验流程	L2	L2
		33－05	物料购买	33－05－01	掌握公司物料购买流程	L2	L2
				33－05－02	填写物料购买申报单	L2	L2
34	入库出库账目录入	34－01	出/入库数据核对	34－01－01	出入库账单核对与存档	L1	
		34－02	出/入库数据录入	34－02－01	应用 ERP 管理工具	L1	
		34－03	表格制作	34－03－01	保管单据	L1	
				34－03－02	填写单据	L1	
35	物料保管	35－01	环境控制	35－01－01	掌握物料保管规范知识	L1	
				35－01－02	记录检查表	L1	
		35－02	物料摆放	35－02－01	掌握物料的分类	L1	
				35－02－02	掌握物料的属性	L1	
				35－02－03	掌握摆放规范	L1	
				35－02－04	掌握物料的编号	L1	
		35－03	安全防护	35－03－01	掌握消防知识	L1	
				35－03－02	使用灭火器材	L1	
				35－03－03	预布防盗措施	L1	

（续上表）

工作项目		工作任务		职业能力（知识、技能、方法、工具、要求）		学习水平 中职 Li	学习水平 高职 Lj
36	物料盘点	36－01	原材料盘点	36－01－01	掌握物料的分类	L2	L2
				36－01－02	掌握统计知识	L2	L2
				36－01－03	制作盘点报表	L2	L2
		36－02	半成品盘点	36－02－01	掌握物料的分类	L2	L2
				36－02－02	掌握统计知识	L2	L2
				36－02－03	制作盘点报表	L2	L2
		36－03	成品盘点	36－03－01	掌握物料的分类	L2	L2
				36－03－02	掌握统计知识	L2	L2
				36－03－03	制作盘点报表	L2	L2
		36－04	损耗上报	36－04－01	掌握公司损虚检验流程	L2	L2
37	客户订单管理（生控，采购）	37－01	合同评审	37－01－01	掌握一定的贸易合同法规、报关知识、合同评审程序		L4
				37－01－02	精通 ERP 软件、OA 等常用办公软件		L4
				37－01－03	收集档案、信息等		L4
				37－01－04	能分析了解客户信用等情况		L4
		37－02	订单评审	37－02－01	掌握公司产品情况		L4
				37－02－02	会根据产品特点要求安排生产车间		L4
				37－02－03	能根据客户订单组织进行人、机、料的准备		L4
		37－03	评估客户的交付期	37－03－01	能与客户沟通协调交付期、数量		L4
				37－03－02	具有一定的外语交流能力		L4
		37－04	产品交付安排	37－04－01	掌握产品运输知识		L4
				37－04－02	掌握来料、出货、设备等的报关知识		L4
				37－04－03	能进行进出货物的报关工作		L4
38	生产协调	38－01	审核、发布生产计划	38－01－01	掌握客户订单出货规律等情况		L4
				38－01－02	掌握生产计划管理知识		L4
				38－01－03	掌握用 ERP 软件、OA 等常用办公软件		L4

（续上表）

工作项目		工作任务		职业能力（知识、技能、方法、工具、要求）		学习水平 中职 Li	学习水平 高职 Lj
38	生产协调	38－02	跟进、调整生产计划，处理生产异常	38－02－01	具备较强的生产进度管理能力		L4
				38－02－02	快速响应、应急处理能力		L4
				38－02－03	掌握公司的生产情况		L4
				38－02－04	具备制订处理生产异常流程的能力		L4
		38－03	组织生产协调会	38－03－01	具有一定的会议组织能力		L4
				38－03－02	具有一定的文件起草能力		L4
				38－03－03	具有一定的执行、检查、督办能力		L4
39	生产计划管理	39－01	制订生产计划	39－01－01	掌握物料供应情况		L4
				39－01－02	具备生产线的安排协调能力		L4
				39－01－03	掌握车间产能		L4
				39－01－04	掌握客户特殊要求		L4
				39－01－05	掌握生产工艺流程		L4
				39－01－06	编制排产计划		L4
		39－02	跟进并调整生产计划	39－02－01	掌握客户交付物流要求		L4
				39－02－02	负责物料临时/前期的加工的计划安排		L4
				39－02－03	根据销售预测，做好人员需求预测		L4
		39－03	生产计划数据的统计工作	39－03－01	掌握统计知识		L4
				39－03－02	掌握常用统计分析软件的使用		L4
				39－03－03	统计客户交付履约率、月度销售额等数据		L4
40	物料采购齐套	40－01	制订物料需求计划	40－01－01	掌握物料计划管理知识	L3	L3
				40－01－02	掌握 ERP 软件、OA 等常用办公软件	L3	L3
				40－01－03	会制订物料需求计划表	L3	L3
		40－02	物料供应商定点、定价、样品确认	40－02－01	掌握物料的生产及工艺流程	L3	L3
				40－02－02	掌握物料的供货周期	L3	L3
				40－02－03	良好的物料需求预算能力	L3	L3
				40－02－04	掌握供应商的供应能力	L3	L3
				40－02－05	掌握采购程序	L3	L3

（续上表）

工作项目		工作任务		职业能力（知识、技能、方法、工具、要求）		学习水平 中职 Li	学习水平 高职 Lj
40	物料采购齐套	40－02	物料供应商定点、定价、样品确认	40－02－06	具备对供应商管理的能力	L3	L3
				40－02－07	掌握财务、税务、贸易等基本知识	L3	L3
				40－02－08	掌握原料的行情价格	L3	L3
				40－02－09	掌握机械、电子元件的基本知识	L3	L3
				40－02－10	掌握物料的质量标准	L3	L3
				40－02－11	掌握常见支付方式	L3	L3
				40－02－12	掌握采购知识	L3	L3
		40－03	下发采购清单	40－03－01	供货相关信息的收集与整理能力	L3	L3
				40－03－02	掌握物料供应商资源	L3	L3
				40－03－03	精通 ERP 软件、OA 等常用办公软件	L3	L3
				40－03－04	良好的沟通、谈判能力	L3	L3
		40－04	物料齐套的跟进和异常处理	40－04－01	具备较强的生产计划的管理能力	L3	L3
				40－04－02	执行工程变更文件，会对物料的用量进行切换及代用物料的手续办理	L3	L3
				40－04－03	快速响应、应急处理能力	L3	L3
				40－04－04	掌握公司的生产情况	L3	L3
				40－04－05	具备制订处理生产异常流程的能力	L3	L3
41	仓储管理	41－01	物料收发与配送	41－01－01	物料账务的管理	L3	L3
				41－01－02	按照物料收发及配送流程操作	L3	L3
				41－01－03	物料收发计量及计量器具的维护使用	L3	L3
				41－01－04	掌握物料先进先出的操作方法	L3	L3
		41－02	物料存储与盘点	41－02－01	按照物料的特性、存储要求合理存放	L3	L3
				41－02－02	掌握物料信息管理工具软件、硬件的使用	L3	L3
				41－02－03	定期盘点对账并对呆滞过期物料处理	L3	L3
				41－02－04	仓库库位管理	L3	L3
				41－02－05	仓储知识	L3	L3
				41－02－06	安全消防知识	L3	L3

（续上表）

工作项目		工作任务		职业能力（知识、技能、方法、工具、要求）		学习水平 中职 Li	学习水平 高职 Lj
42	排产	42－01	发出生产指令单	42－01－01	精通 ERP 软件、OA 等常用办公软件	L3	L3
				42－01－02	会看生产计划表	L3	L3
				42－01－03	掌握客户订单	L3	L3
				42－01－04	编制生产指令单	L3	L3
		42－02	跟进物料配送进度	42－02－01	检查车间到料情况	L3	L3
				42－02－02	掌握物料发送情况	L3	L3
		42－03	排产过程中的物料异常处理	42－03－01	精通 ERP 软件、OA 等常用办公软件	L3	L3
				42－03－02	掌握产品的工艺流程	L3	L3
				42－03－03	能与进料检验、仓库、生产车间的沟通协调，及时处理物料异常	L3	L3
				42－03－04	掌握产品的产能、设备、人员情况	L3	L3
43	职业素养（通用能力、核心技能）	43－01	项目管理	43－01－01	掌握项目管理中的工作流程知识	L3	L3
				43－01－02	理会项目团队的工作目标	L3	L3
				43－01－03	精通项目成本控制技巧		L4
				43－01－04	监控项目执行进度		L4
				43－01－05	准确评估项目完成情况		L4
				43－01－06	分析改善项目成果报告		L4
		43－02	工业工程	43－02－01	具备劳动效率知识	L3	L4
				43－02－02	具备定员定编知识	L3	L3
				43－02－03	具备劳动定额知识	L3	L3
				43－02－04	掌握生产节拍知识	L3	L3
				43－02－05	精通操作动作标准知识	L3	L3
				43－02－06	精通人体工程学，制作设备工装减轻工作负担	L3	L3
		43－03	团队合作	43－03－01	确认自己在团队中的角色和目标	L3	L3
				43－03－02	能根据工作流程及目标开展工作	L3	L3
				43－03－03	能把握项目管理中的关键职能（计划、组织、控制）	L3	L3
				43－03－04	责任意识	L3	L3

（续上表）

工作项目		工作任务		职业能力（知识、技能、方法、工具、要求）		学习水平 中职 Li	高职 Lj
43	职业素养（通用能力、核心技能）	43－03	团队合作	43－03－05	协调、交流及沟通能力	L3	L3
		43－04	沟通能力	43－04－01	具备较复杂的交流技巧（可以独立组织会议）		L4
				43－04－02	掌握获取内外部客户信息的技能（听、调查）		L4
				43－04－03	正确运用语言文字的能力		L4
		43－05	创新能力	43－05－01	具备一定的创新意识（技术、工作方法、管理、制程）	L3	L3
				43－05－02	跟踪所在职位新知识新技术发展	L3	L3
				43－05－03	持续学习吸收新的专业技术能力		L4
				43－05－04	应用新知识、新技术到实际工作中的能力		L4
				43－05－05	愿意探究新事物		L4
		43－06	外语应用	43－06－01	良好的英语读写能力	L3	L3
				43－06－02	良好的英语口语表达能力	L3	L3
				43－06－03	掌握专业技术词汇	L3	L3
		43－07	组织能力	43－07－01	掌握所在职位的工作程序	L3	L4
				43－07－02	按照工作程序要求来工作	L3	L4
				43－07－03	有条理地做好本职工作	L3	L3
				43－07－04	发动团队成员共同完成工作	L3	L3
		43－08	协调能力	43－08－01	执行上级的工作指令	L3	L3
				43－08－02	能按工作流程，协调各项资源共同完成特定工作内容	L3	L3
				43－08－03	能与其他人员充分沟通，完成岗位本职工作	L3	L3
		43－09	控制能力	43－09－01	在有明确目标但有较多不确定性的情况下完成岗位本职工作		L4
				43－09－02	独立设定工作目标、收集、反馈信息、核对结果、发现偏差并及时做调整		L4
				43－09－03	预测可能的变化，提前做好预防准备		L4

（续上表）

工作项目		工作任务		职业能力（知识、技能、方法、工具、要求）		学习水平 中职 Li	学习水平 高职 Lj
43	职业素养（通用能力、核心技能）	43－10	独立工作能力	43－10－01	独立制订有关作业指导文件	L3	L3
				43－10－02	能按规定任务和时限，即可独立完成或只是偶尔需要帮助指导	L3	L3
				43－10－03	能在面临较复杂的情况时，独立做出决定		L4
		43－11	解决问题的能力	43－11－01	能在面对较大风险、危机时，果断做出决定		L4
				43－11－02	能在他人的帮助下解决无程序规定的问题		L4
				43－11－03	解决简单的有程序规定的问题		L4
				43－11－04	能够根据需要设定目标，制订工作计划并达到目标		L4
				43－11－05	能够解决有程序规定但需根据实际情况和专业知识进行较复杂问题的解决		L4
				43－11－06	能根据所具备条件，提出解决问题的具体方案		L4
		43－12	分析能力	43－12－01	能通过各种途径收集项目所需资料		L4
				43－12－02	能够对资料和一般问题进行简单的归纳、推理分析		L4
				43－12－03	能在出现相关情况时做出简单的推理和假设		L4
				43－12－04	能识别问题出现的原因		L4
		43－13	计划能力	43－13－01	能对工作或任务进行分析，根据实际情况预先规划、安排工作进度	L3	L3
				43－13－02	预测并合理制定项目发展规划	L3	L3
		43－14	自主学习	43－14－01	根据工作发展需要学习新知识新技术	L3	L3
				43－14－02	自觉应用新知识到工作中	L3	L3
		43－15	其他	43－15－01	具有全局观念	L3	L3
				43－15－02	保密意识	L3	L3

注：“学习水平”的中职 L*i* 的 *i* 对应中职等级层次，若是第Ⅱ等级层，则用 L2 表示，若是第Ⅲ等级层，则用 L3 表示。同理，高职 L*j* 的 *j* 对应高职等级层次，若是第Ⅲ等级层，则用 L3 表示，若是第Ⅳ等级层，则用 L4 表示。

2. 广东省教育厅公示文件

广 东 省 教 育 厅

粤教职函〔2018〕120号

广东省教育厅关于公布2017年省高等职业教育专业教学标准和课程标准研制项目结题验收结果的通知

各地级以上市教育局，各高等职业院校：

根据《广东省教育厅办公室关于开展2017年高等职业教育专业教学标准和课程标准研制项目结题验收工作的通知》（粤教职办函〔2017〕34号），经资料评审、会议评审、公示等环节，确定《现代学徒制高职市政工程技术专业教学标准的研制项目》等28个项目（详见附件）通过结题验收，现将验收结果予以公布。

附件：2017年高等职业教育专业教学标准和课程标准研制项目结题验收结果

广东省教育厅

2018年7月27日

2017年高等职业教育专业教学标准和课程标准研制项目结题验收结果

序号	项目名称	项目牵头单位	项目负责人	验收结果
1	现代学徒制高职市政工程技术专业教学标准的研制项目	广州番禺职业技术学院	叶雯	优秀
2	医学美容技术专业现代学徒制教学标准研制	清远职业技术学院	吴琼	优秀
3	高职本科一体化计算机应用技术专业（嵌入式技术应用）教学标准研制与实践	广东科学技术职业学院	李力	良好
4	应用电子技术专业现代学徒制教学标准研制与实践	广东科学技术职业学院	王红梅	良好
5	高职黑色冶金技术专业现代学徒制教学标准研制	广东松山职业技术学院	罗国民	良好
6	机电设备维修与管理专业现代学徒制教学标准研制	广东松山职业技术学院	杨宇	良好
7	现代学徒制皮具艺术设计专业教学标准研制与实践项目	广州番禺职业技术学院	张来源	良好
8	现代学徒制高职市场营销专业教学标准的研制项目	广州番禺职业技术学院	阚雅玲	良好
9	电子信息工程技术专业教学标准研制项目	中山职业技术学院	闫胜利	良好
10	制冷与空调技术专业教学标准项目	顺德职业技术学院	余华明	良好
11	应用化工（涂料技术）技术专业教学标准项目	顺德职业技术学院	周强	良好
12	机电一体化技术专业现代学徒制教学标准研制	清远职业技术学院	郭汉桥	良好
13	精细化工技术/化学工程与工艺高本衔接专业教学标准研制	广东轻工职业技术学院	揭雪飞	合格

序号	项目名称	项目牵头单位	项目负责人	验收结果
14	环境工程专业高本一体化教学标准的研究与实践	广东轻工职业技术学院	秦文淑	合格
15	基于国际标准的航海类专业“中高职衔接”教学标准研究与实践	广东交通职业技术学院	关腾飞	合格
16	基于现代学徒制人才培养模式的投资与理财专业教学标准研制与实践	广东理工职业学院	杨翠友	合格
17	汽车检测与维修专业现代学徒制专业教学标准项目	广东机电职业技术学院	李百华	合格
18	基于现代学徒制人才培养模式的高职汽车车身维修技术专业教学标准的研制	广东科学技术职业学院	孙宝文	合格
19	高职本科一体化药品生物技术专业教学标准研制	广东科贸职业学院	何敏	合格
20	运动训练高职本科一体化人才培养专业教学标准研制	广东体育职业技术学院	徐承建	合格
21	高职-本科一体化动漫制作技术专业教学标准项目	广东女子职业技术学院	谢盛嘉	合格
22	基于现代学徒制的计算机应用技术专业教学标准研制	广州铁路职业技术学院	林锦章	合格
23	借鉴国外先进经验，构建国际商务类专业教学标准	深圳职业技术学院	刘红燕	合格
24	基于现代学徒制人才培养模式酒店管理专业教学标准研制	佛山职业技术学院	余琳	合格
25	护理专业现代学徒制教学标准研制	清远职业技术学院	冼昶华	合格
26	电气工程及其自动化专业高职本科一体化人才培养专业教学标准研制	广东技术师范学院	周卫	合格
27	道路桥梁工程技术专业中职、高职和本科一体化专业教学标准研制	广东交通职业技术学院	徐凯燕	合格
28	社会工作专业教学标准研制	深圳职业技术学院	倪赤丹	合格

公开方式：依申请公开

3. **项目结题证书**

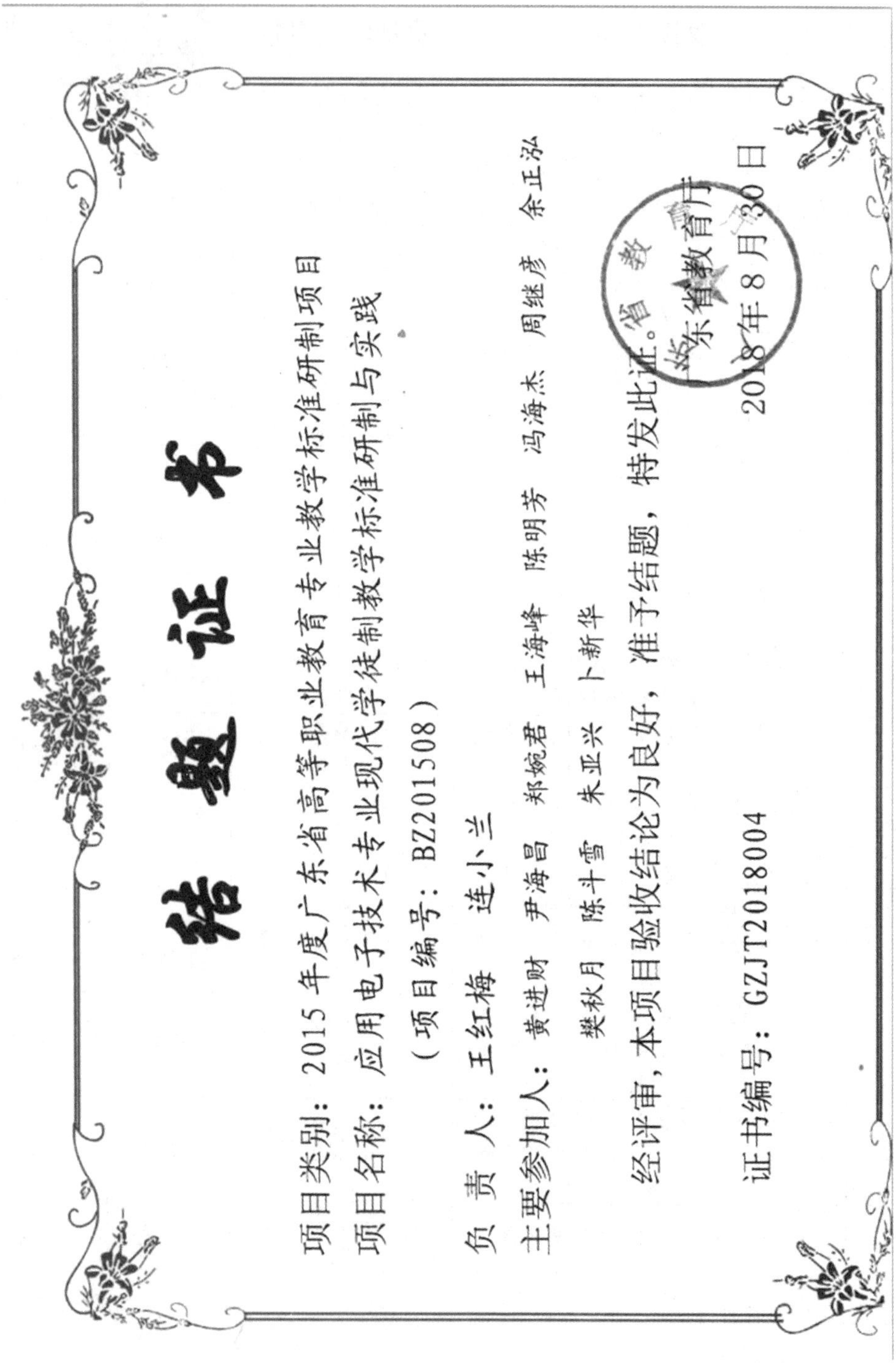

结题证书

项目类别：2015年度广东省高等职业教育专业教学标准研制项目

项目名称：应用电子技术专业现代学徒制教学标准研制与实践

（项目编号：BZ201508）

负 责 人：王红梅 连小兰

主要参加人：黄进财 尹海昌 郑婉君 王海峰 陈明芳 冯海杰 周继彦 余正泓 樊秋月 陈斗雪 朱亚兴 卜新华

经评审，本项目验收结论为良好，准予结题，特发此证。

广东省教育厅

2018年8月30日

证书编号：GZJT2018004